COCINA

para todos

LOS DÍAS

RBA

© RBA REVISTAS, S. L., 2014
© del texto: Eva Mimbrero
© de esta edición: RBA Libros, S.A., 2018
Avda. Diagonal, 189 - Barcelona 08018
www.rbalibros.com

Diseño y maquetación: Tana Latorre
Fotografía de interiores: Archivo RBA, Shutterstock
Diseño cubierta: Rocío Hidalgo

Primera edición: abril de 2018.

REF.: RPRA442
ISBN: 978-84-9187-011-1
Depósito legal: B. 5038-2018

Impreso en España - *Printed in Spain*

CONTENIDO

Primer paso

Los secretos de una buena compra

La textura y el sabor de tus platos dependen, en gran medida, de los ingredientes que eliges para elaborarlos. Seguir un orden a la hora de adquirirlos y almacenarlos de forma adecuada en casa aumentará la calidad de tus recetas.

La calidad de los ingredientes que utilizas en la cocina no siempre está reñida con el buen precio. Piensa que muchas veces es su correcta conservación la que marca la diferencia entre un plato aceptable y otro exquisito. Por eso es tan importante cuidar al máximo aspectos como el orden a la hora de comprar los ingredientes y también la forma de guardarlos.

Un orden que debe comenzar ya en casa. No salgas a comprar sin tener un menú planificado. Haz una lista de la compra en función de lo que necesitas: evitarás improvisar y que lo que has adquirido sin saber cuándo y cómo lo vas a utilizar, acabe olvidado en la nevera o la despensa.

EL MEJOR RECORRIDO EN EL SÚPER

El 70% de los europeos reconoce que solo puede ir a comprar una vez a la semana, según datos de una amplia encuesta. Con tan poco tiempo para dedicar a esta importante labor, saber cómo hacerlo para preservar la calidad de los alimentos al máximo es fundamental. Toma nota de cuál es el mejor recorrido para adquirir los productos que necesites:

● **Primera parada: conservas y bebidas.** En la mayoría de supermercados los envases con productos de larga duración (bebidas, pasta seca, legumbres, conservas, cereales de desayuno...) suelen estar al fondo. En cambio, las frutas y las verduras se sitúan cerca de las cajas. Dirígete directamente a la zona de los envases y ve llenando tu carro o cesta desde allí. Al no necesitar frío, estos ingredientes pueden estar más tiempo en el carro. Además suelen ser mucho más pesados que carnes, pescados y vegetales: cogerlos al principio también evitará que los demás artículos se aplasten debido a su peso.

Antes de introducirlos en el carrito comprueba su fecha de caducidad y que las latas no estén abolladas o con la tapa hinchada (un signo que nos alerta de que el producto puede estar en mal estado).

sabías que...

Los españoles compramos más vegetales y menos carnes grasas que hace unos años. También comemos más pescado congelado y en conserva y menos fresco, según la Organización de Consumidores y Usuarios.

● **Continúa con frutas y verduras.** Acude ahora a la zona de los vegetales frescos que no necesitan frío, como suele ocurrir con la mayoría de frutas y verduras que se venden a peso. Compra lo que necesites teniendo en cuenta que las piezas con más cuerpo (como las manzanas y los plátanos) pueden ir debajo de las más frágiles (fresas, lechuga...).

● **Llega el momento de los frescos.** Una vez has acabado con los vegetales, dirígete a la zona de los alimentos que necesitan frío para conservarse, como los yogures, el queso, las carnes y los pescados. En el caso de este tipo de productos es especialmente importante fijarse en la fecha de caducidad o de consumo preferente antes de decantarse por uno u otro. No cojas, por norma, el que está más a la vista porque suele ser el que tiene una fecha que vence antes.

Una buena forma de mantener su temperatura hasta llegar a casa y poder ponerlos en la nevera es colocarlos juntos en el carro o la cesta. Al sumar el frío de unos y de otros se conservarán mejor sus bajas temperaturas. Ten en cuenta que debes separarlos entre sí con bolsas de plástico para evitar la contaminación cruzada (o, lo que es lo mismo, la transferencia de bacterias entre diferentes alimentos).

● **Por último, elige los congelados.** Ten en cuenta que si pasa más de una hora desde que los adquieres hasta que los guardas en el congelador puede romperse la cadena de frío: esto facilita que los gérmenes proliferen rápidamente, lo que aumenta el riesgo de toxiinfección alimentaria.

Puedes evitarlo acudiendo a la sección de congelados al final de tu compra y eligiendo los que estén más compactos y duros al tacto.

EXTREMA LAS PRECAUCIONES DE CAMINO A CASA

De poco te servirán todas las medidas tomadas si, de camino a casa, aprovechas para llevar a cabo un par de gestiones más o, simplemente, decides volver dando un paseo y te paras en los escaparates que más te llaman la atención, o inviertes la tarde libre en quedar con un amigo para tomar algo justo después de comprar y antes de volver a casa.

¿Cómo puedes evitar estos "imprevistos"? De nuevo la planificación es tu mejor arma contra ellos. Así, si tienes gestiones pendientes y quieres hacerlas esa misma mañana o tarde, invierte el orden y dedícate primero a resolver estos temas para después ir a comprar. Y, si quedas con un amigo o quieres dar un paseo, hazlo después de dejar la comida en casa, bien guardada (sobre todo los productos que necesitan refrigeración y los congelados).

Si hace calor o la tienda a la que acudes está lejos de tu casa es importante que utilices una bolsa isotérmica durante el traslado de los alimentos que necesitan frío y los congelados. Otra opción interesante que puedes valorar es la posibilidad de encargar en el supermercado que te lleven la compra a casa. Las furgonetas con las que se hace el reparto a domicilio

Cómo descongelar
pescados y carnes

Es importante respetar algunas normas básicas de seguridad alimentaria.

Siempre en la nevera. Recuerda que el frío protege a los alimentos que se están descongelando del posible desarrollo de bacterias, que pueden poner en riesgo nuestra salud. Colócalos en el estante inferior del frigorífico con un plato grande debajo, para evitar que los posibles jugos que se desprenden en el proceso contaminen el resto de alimentos.

Se puede volver a congelar si... El alimento se ha cocinado bien. El calor intenso destruye un gran número de microorganismos y esto permite que se pueda congelar de nuevo.

disponen de los medios necesarios para respetar la cadena de frío de los alimentos. Además, si dispones de muy poco tiempo para la compra puedes, incluso, realizar el pedido a través de Internet.

PRIORIDAD: LOS CONGELADOS

Ya tienes toda la compra en casa. Ahora solo te queda guardarla de la mejor forma posible para que los alimentos que has adquirido se conserven en perfecto estado hasta el momento de consumirlos. Pero antes de empezar a manipularlos lávate las manos con agua tibia y jabón, para evitar que los microor-

ganismos que pueden estar presentes en tus manos pasen a los ingredientes de tus recetas. Repite esta medida de higiene entre diferentes tipos de alimentos (sé especialmente cuidadoso con la carne, el pescado, las frutas y las verduras).

Ya con las manos bien limpias, los productos congelados deben ser los primeros a guardar. Es la manera de garantizar que recuperan la temperatura ideal para su conservación sin romper la cadena de frío. Colócalos debajo de los que ya tienes congelados para así consumir primero los que llevan más tiempo. Y si decides congelar un alimento que has comprado fresco, introdúcelo en una bolsa con cierre hermético y escribe en ella la fecha en el que lo congelas y también el nombre del producto. Una buena manera de aprovecharlo al máximo es congelarlo por raciones: así, luego podrás descongelar justo la cantidad que necesites.

A la hora de guardar los alimentos en el congelador también es conveniente tenerlos separados por tipos de producto: utiliza un cajón para los crudos y otro para los platos ya cocinados.

ORGANIZA BIEN LA NEVERA

Una vez los congelados han sido cuidadosamente clasificados y guardados, es el turno del resto de alimentos cuyo destino es la nevera. Toma nota:
- **Carnes y pescados, en el estante inferior.** Lava y seca bien el producto con papel de cocina absorbente (comienza por la carne y sigue por el pescado). Introdúcelo entonces en una bolsa con cierre hermé-

tico, indicando también la fecha como has hecho con los ingredientes que has congelado. Para evitar que el posible goteo de sus jugos entren en contacto con el resto de alimentos que tienes guardados en la nevera (lo que aumenta el riesgo de contaminación cruzada), pon un plato debajo o introdúcelos en una fiambrera sin tapa.

Es importante que conserves carnes y pescados en la parte baja de la nevera, que es su zona más fría. Recuerda que para garantizar una correcta refrigeración el electrodoméstico debe estar entre 0° y 5° C.
- **Lácteos y fiambres, en el centro.** Es lo que recomienda la Agencia Española de Seguridad y Nutrición (AESAN). Si los fiambres no están envasados, guarda cada uno de ellos en un recipiente con tapa para que se conserven mejor.

En los estantes centrales puedes colocar también los huevos: aunque no es estrictamente necesario conservarlos en la nevera, se recomienda hacerlo, y más aún en verano, porque el calor favorece la proliferación de gérmenes. Guárdalos sin lavarlos ni limpiarlos porque, tal y como recuerda el Instituto de Estudios del Huevo "al lavarlos se destruye la fina capa natural que los protege de la entrada de microorganismos desde el exterior".
- **Frutas y verduras, en el verdulero.** Si quieres guardarlas en frío hazlo en los cajones situados en la parte inferior del frigorífico. Para que no entren en contacto directo entre ellas (ten en cuenta que algunas frutas pueden acelerar el proceso de maduración de otras, como ocurre por ejemplo con plátanos y manzanas), introdúcelas en una bolsa agujereada antes de guardarlas en la nevera.
- **Leche y bebidas, en el lateral.** La puerta es la zona más recomendada para guardar alimentos de uso común y que no necesitan demasiado frío, como pueden ser la leche o los zumos.
- **Las sobras, en el estante superior.** Aprovecha que estás colocando la compra en la nevera para revisar que todo esté en su sitio. Así, el estante superior es

Una despensa ordenada, tu aliada en la cocina

A veces la falta de orden convierte nuestra despensa en un caos y acabamos por no saber ni lo que tenemos. Así puedes evitarlo:

Primero, los de uso frecuente. Coloca a la vista los productos que sueles utilizar habitualmente, priorizando los que caducan antes. Ten en cuenta que una vez abiertos pastas, arroces y frutos secos duran más en buen estado si los guardas en un recipiente con cierre hermético.

Guarda en la zona más oscura las botellas de aceite, la leche y la nata para cocinar. Se conservan mejor en sitios con muy poca luz. Las patatas también deben guardarse en un lugar oscuro, y siempre bien ventilado.

sabías que...
Si te gusta el pescado crudo, congélalo al menos 48 horas antes de consumirlo. El frío acaba con el anisakis, un parásito que puede causar intoxicaciones alimentarias. España es el segundo país del mundo con más casos.

el recomendado para conservar los productos que menos frío necesitan, como la comida que ya has cocinado o los restos de conservas. Guarda ambos productos en fiambreras, siempre con su tapa.

RESPETA LOS TIEMPOS DE CONSERVACIÓN

La refrigeración hace más lento el deterioro de los alimentos, pero en ningún caso lo detiene. Para consumirlos con la calidad y propiedades nutritivas adecuadas, la Sociedad Española de Nutrición Comunitaria (SENC) recomienda respetar los siguientes tiempos de conservación de los alimentos:

- **Pescados.** Es el alimento más delicado, por lo que debe estar en la nevera máximo un día. Si lo has comprado para utilizarlo durante esa semana pero no tienes claro cuándo, es mejor que lo congeles.
- **Carnes.** Se conservan en buen estado algo más. En concreto, de dos a tres días. Pero si has comprado carne picada cocínala, como mucho, un día después de haberla adquirido.
- **Vegetales.** Suelen conservarse bien hasta cinco días, el mismo periodo que las conservas abiertas.
- **Huevos.** Bien guardados en la nevera se mantienen en perfecto estado hasta tres semanas.

Muy ligeros
Vegetales, aportan color y sabor

Deben formar parte de tus menús a diario, en la comida y la cena. Pero no te confundas: cumplir con estas recomendaciones no tiene por qué ser aburrido. Pocos alimentos ganan en versatilidad a verduras y ensaladas.

Te proponemos un ejercicio: recuerda qué comiste en el almuerzo y la cena de los últimos tres días. ¿Incluiste en todos los menús al menos una ración de vegetales, una de ellas en crudo?

Si la respuesta es afirmativa, enhorabuena porque cumples con las recomendaciones que la Sociedad Española de Nutrición Comunitaria (SENC) incluye en su famosa pirámide. Y no son muchos los españoles que lo hacen: de hecho, tan solo un 42,7% consume verduras y hortalizas a diario según el Estudio ENIDE, llevado a cabo por la Agencia Española de Seguridad Alimentaria y Nutrición (AESAN).

CÓMO INCORPORARLOS A TUS MENÚS

Pero... ¿por qué a veces cuesta tanto comer vegetales? Una de las causas que puede llevarte a no alcanzar las cantidades recomendadas es la monotonía a la hora de cocinar. A veces nos cuesta darle la vuelta a los menús que ya estamos acostumbrados a elaborar. Los siguientes consejos pueden ayudarte a romper con esta tendencia y sumar originalidad, variedad, color y sabor a tus platos.

● **Ensaladas, mucho más que lechuga.** La típica ensalada con lechuga, tomate y pepino está muy bien de vez en cuando, pero no es, ni mucho menos, la única posibilidad con la que cuentas. Escarola, rúcula, canónigos, espinacas, endibias... son otras opciones de vegetales de hoja que puedes degustar en crudo y que aportarán a tus ensaladas nuevas texturas y sabores. Sobre esta base puedes añadir ingredientes de todo tipo: jamón, queso fresco, nueces, manzanas, fresas, anchoas... Y lo mismo ocurre con los aliños: atrévete con vinagretas innovadoras (con salsa de yogur, con mostaza, con zumo de naranja...).

● **Verduras, no solo hervidas.** Elígelas como ingrediente estrella en milhojas, quiches, canelones o sofritos. Las recetas de las siguientes páginas pueden servirte de inspiración para elaborar las tuyas.

sabías que...

Los colores de las verduras te dan pistas sobre sus propiedades. Así, las blancas refuerzan las defensas, las amarillas y naranjas cuidan la piel, las rojas o moradas son buenas para el corazón y las verdes protegen la vista.

La receta
Ensalada de jamón
con setas

Tuesta los piñones en una sartén con unas gotas de aceite, vigilando que no se quemen, y reserva. A continuación bate una cucharada de vinagre y otra de mostaza con sal y pimienta. Añade, poco a poco, 5 cucharadas de aceite y sigue batiendo hasta obtener una salsa emulsionada. Agrega los piñones.

Limpia bien las setas y saltéalas en una sartén antiadherente con un poco de aceite durante 4 minutos. Incorpora el ajo picado y cuécelo todo un minuto más. Salpimienta, espolvorea con una ramita de perejil picado y reserva.

Pela los langostinos y dóralos en una sartén antiadherente con unas gotas de aceite de oliva, aproximadamente un minuto por cada lado. Sazónalos con sal y pimienta y reserva.

Dispón las setas salteadas en el fondo de los 4 platos en los que vas a servir la ensalada. Cúbrelas con un puñado de hojas de brotes tiernos y unas lonchas de jamón de pato. Aliña con la vinagreta y, por último, incorpora los langostinos.

INGREDIENTES

- 400 g de setas variadas
- 12 lonchas de jamón de pato
- 1 diente de ajo
- 12 langostinos
- Hojas de brotes tiernos
- Mostaza de Dijon
- Vinagre balsámico
- 2 cucharadas de piñones
- Perejil
- Aceite de oliva
- Sal
- Pimienta

Tiempo: 20 minutos
Raciones: 4 personas
Dificultad: Baja
Nivel calórico: 225 kcal

El truco
Los piñones tostados le dan un toque crujiente al plato. Para evitar que se quemen es importante no dejar de removerlos, en la sartén, con una cuchara de madera.

La receta

Cóctel de endibias, gambitas y piña

Deshoja las endibias y lávalas suavemente bajo el grifo. Déjalas escurrir en un colador. A continuación pela las naranjas, separa los gajos y quita con cuidado la piel blanca.

Pela la piña y córtala en dados pequeños. Cuando vayas a comprarla, es importante que la cáscara no se hunda al presionarla con los dedos ya que, si es así, podría estar demasiado madura.

Tritura la mitad de la piña con las hojas de menta fresca, un chorrito de aceite de oliva y vinagre y una pizca de sal y azúcar hasta que obtengas una vinagreta espesa.

Saltea las gambas con los ajos bien picados. Trocea mientras tanto la endibia en juliana y repártela en cuatro boles. Añade las gambas, la piña troceada, la naranja en gajos y las nueces peladas. Salsea con la vinagreta anterior y sirve.

INGREDIENTES

- 1/2 piña fresca
- 2 naranjas
- 4 endibias
- 400 g de gambas sin piel
- 1 rama de menta fresca
- 2 dientes de ajo
- Un puñadito de nueces
- Azúcar
- Aceite de oliva
- Vinagre
- Sal

Tiempo: 30 minutos
Raciones: 4 personas
Dificultad: Baja
Nivel calórico: 290 kcal

El truco

Mezcla la piña con el marisco en el último momento. Esta fruta tiene una enzima que altera las proteínas y le daría una textura desagradable a las gambas.

La receta
Ensalada verde
con pasas

Lava las manzanas, córtalas en cuartos y elimina el corazón. Retira después los extremos y las fibras gruesas del apio, lávalo y reserva las hojas para decorar el plato al final. Lava también las hojas de col y exprime medio limón.

Ralla o corta en juliana muy fina el apio, la col y las manzanas, y mézclalos en un cuenco grande. Rocía los ingredientes con la mitad del zumo de limón y remueve bien.

Mezcla el yogur con el zumo de limón restante y salpimienta. Tuesta los piñones durante unos segundos en una sartén antiadherente, sin añadir aceite u otro tipo de grasa.

Aliña la ensalada con una parte de la salsa de yogur y espolvoréala con las pasas y los piñones tostados. Decora con las hojas de apio y sírvela enseguida, con el resto de la salsa aparte.

INGREDIENTES

- 1 manzana roja
- 1 manzana verde
- 100 g de col
- 100 g de apio
- 125 g de yogur natural
- 30 g de pasas
- 20 g de piñones pelados
- 1/2 limón
- Sal
- Pimienta

Tiempo: 15 minutos
Raciones: 4 personas
Dificultad: Baja
Nivel calórico: 119 kcal

El truco

Tendrás una ensalada más completa, ideal para una cena ligera, si añades una fuente de proteína, como por ejemplo tiritas de pollo asado o cocido.

La receta
Tomates al gratén
con mozzarella

Lava los tomates y córtalos en rodajas de aproximadamente un centímetro de grosor. Escurre bien las bolas de mozzarella de búfala y trocéalas también en rodajas, ahora un poco más finas.

Pica la cebolla muy fina y colócala en un cuenco. Corta las anchoas en tiras (si lo deseas, escúrrelas previamente sobre papel de cocina para eliminar el exceso de aceite).

Añade las tiras de anchoa a la cebolla picada junto con las cucharadas de alcaparras, el orégano y el pan rallado. Mezcla bien todos los ingredientes y reserva.

Unta con aceite una fuente apta para introducir en el horno y coloca las rodajas de tomate y mozzarella intercaladas. Agrega por encima la mezcla anterior y gratina hasta que se funda el queso. Sirve inmediatamente en 4 platos llanos.

INGREDIENTES

- 4 tomates grandes
- 2 bolas de mozzarella de búfala
- 4 filetes de anchoas
- 1/2 cebolla
- 1 cucharada de alcaparras
- 1 cucharada de orégano
- 1 cucharada de pan rallado
- Aceite de oliva

Tiempo: 25 minutos
Raciones: 4 personas
Dificultad: Baja
Nivel calórico: 210 kcal

El truco

Si quieres restar calorías al plato, en lugar de prepararlo con mozzarella de búfala hazlo con una elaborada con leche de vaca, que es más baja en grasa.

La receta
Ensalada de espárragos, queso fresco y aguacate

Limpia la cebolleta y córtala en aros de aproximadamente medio centímetro de grosor. Lava el limón, pártelo por la mitad y exprímelo. Lava también los tomates y córtalos en cuartos.

Corta el queso fresco en dados y, a continuación, escurre y enjuaga los espárragos. Pela los aguacates, pártelos por la mitad, retírales el hueso y córtalos también en dados. Rocíalos con el zumo de limón (así evitarás que se oxiden) y resérvalos.

Mezcla 5 cucharadas de aceite y 1 de vinagre en un cuenco, junto a un pellizco de sal y otro de pimienta. Bátelos hasta obtener una vinagreta bien emulsionada.

Lava los brotes de ensalada, escúrrelos y disponlos en una fuente amplia. Añade el tomate, la cebolleta, el aguacate, el queso y los espárragos. Riega con la vinagreta, mezcla y espolvorea con las nueces picadas antes de servir.

INGREDIENTES

- 1 bolsa de brotes tiernos de ensalada
- 2 aguacates
- 1 bote de espárragos trigueros
- 1 cebolleta
- 4 cucharadas de nueces picadas
- 2 tomates
- 1 limón
- 150 g de queso fresco tipo Burgos
- Vinagre de Jerez
- Aceite de oliva
- Sal
- Pimienta

Tiempo: 15 minutos
Raciones: 4 personas
Dificultad: Baja
Nivel calórico: 165 kcal

El truco

Aprovecha la temporada de espárragos trigueros, en primavera, para elaborar una ensalada tibia con espárragos frescos a la plancha. Quedará exquisita.

La receta
Milhojas de patata
y verduras

Precalienta el horno a 200° C. Mientras el horno va alcanzando la temperatura deseada, pela el calabacín y limpia y lava el pimiento rojo. Raspa, lava y seca las zanahorias. Pela también las patatas, lávalas y sécalas. Corta todas las hortalizas en finas láminas con la ayuda de una mandolina.

Engrasa una bandeja de horno con un chorrito de aceite de oliva y ve colocando capas de pimiento, patata, zanahoria y calabacín, salpimentando cada una de ellas, hasta terminar todas las verduras que has cortado hace un momento.

Cubre con la nata líquida o riega con un poco de aceite si prefieres rebajar las calorías totales del plato. A continuación espolvorea con el parmesano rallado.

Añade el romero lavado y cuece durante aproximadamente 30 minutos en el horno, a 170° C. Retira y deja que se enfríe un poco antes de cortar el milhojas en porciones individuales.

INGREDIENTES

- 500 g de patatas
- 1 calabacín grande
- 2 zanahorias
- 1 pimiento rojo
- 250 ml de nata líquida (opcional)
- 100 g de parmesano rallado
- Unas ramas de romero
- Aceite de oliva
- Sal
- Pimienta

Tiempo: 40 minutos
Raciones: 4 personas
Dificultad: Baja
Nivel calórico: 238 kcal

El truco

Si te ha sobrado, guárdalo por porciones en varios recipientes y congela el milhojas. Así podrás disfrutar de nuevo de este colorido plato pasado un tiempo.

La receta

Quiche de tomates, berenjenas y pimientos

Pela los tomates y trocéalos. Lava las berenjenas y los pimientos y córtalos en dados. Saltea las hortalizas en 4 cucharadas de aceite de oliva durante aproximadamente 10 minutos, removiendo los dados a menudo. Cuando queden 5 minutos para acabar la cocción, añade el tomate troceado.

Bate los huevos con una pizca de sal y pimienta. Añade el requesón, que habrás troceado previamente, el queso rallado y las verduras escurridas. Mezcla todo bien.

Unta un molde de tarta (mejor si lo eliges desmontable o de silicona) con unas gotas de aceite de oliva y forra bien la base y las paredes con la lámina de pasta brisa.

Pincha el fondo de la pasta y, a continuación, vierte el relleno preparado en el molde. Hornea la quiche a 180º C durante 45 minutos, déjala reposar unos minutos sobre la rejilla y sírvela.

INGREDIENTES

- 1 lámina de pasta brisa
- 2 berenjenas
- 3 tomates
- 2 pimientos rojos
- 3 huevos
- 4 cucharadas de queso rallado
- 200 g de requesón
- Aceite de oliva
- Sal
- Pimienta

Tiempo: 70 minutos
Raciones: 6 personas
Dificultad: Baja
Nivel calórico: 277 kcal

El truco

Para convertir esta quiche en un plato único muy equilibrado incorpora un poco de jamón de York o tiras de pollo a la plancha. Y recuerda que puede comerse en frío.

La receta
Fritura ligera
de verduras

Pela las zanahorias y córtalas en tiras largas. Retira la piel de las cebollas, lava bien los calabacines y trocéalos en rodajas de medio centímetro de ancho. Pela el boniato y córtalo en láminas. Por último, lava la escarola y pártela en trocitos.

Dispón el agua y el huevo en un recipiente y bate bien con la ayuda de un tenedor. Añade poco a poco la harina y aderesa con una pizca de sal y pimienta. Vuelve a mezclar suavemente hasta que adquiera la textura de una crema ligera.

Reboza las verduras en la crema de harina y huevo que acabas de preparar. Después, vierte un poco de aceite de oliva en una sartén y, cuando esté bien caliente, fríelas.

Una vez fritas, déjalas un par de minutos en una rejilla para que escurran el aceite sobrante y sirve caliente.

INGREDIENTES

- 3 cebollas medianas
- Hojas de escarola
- 2 calabacines
- 1 boniato
- 4 zanahorias
- 1 huevo
- 150 g de harina
- 2 vasos de agua fría
- Aceite de oliva
- Sal
- Pimienta

Tiempo: 20 minutos
Raciones: 4 personas
Dificultad: Baja
Nivel calórico: 311 kcal

El truco

Para que el rebozado de las verduras quede más crujiente es muy importante que el agua con el que se elabora esté muy fría, casi helada.

La receta
Brócoli con
almendras tostadas

Tuesta las láminas de almendra ligeramente en una sartén antiadherente (no añadas aceite) y resérvalas. Separa el brócoli en ramilletes medianos y lávalos con cuidado.

Coloca el brócoli en el cestillo de una olla apta para cocer al vapor con agua. Lleva el agua a ebullición y, cuando arranque el hervor, coloca el cesto con el brócoli y tapa el recipiente. Cuece al vapor durante unos 4 o 5 minutos.

Exprime la naranja, cuela el zumo para eliminar posibles pepitas y viértelo en el vaso de la batidora. Agrega 6 cucharadas de aceite de oliva, 2 de vinagre, las almendras tostadas sin piel, una pizca de sal y otra de pimienta molida. Bate enérgicamente la vinagreta.

Reparte los ramilletes de brócoli en 4 platos y aliña con la vinagreta de naranja y almendras. Reparte por encima las láminas de almendra que has tostado al principio y sirve tibio.

INGREDIENTES

- 800 g de brócoli
- 10 g de almendras tostadas sin piel
- 20 g de almendras laminadas
- 1 naranja
- Vinagre de vino blanco
- Aceite de oliva
- Sal
- Pimienta

Tiempo: 15 minutos
Raciones: 4 personas
Dificultad: Baja
Nivel calórico: 215 kcal

El truco

Para dar un toque de color a este plato puedes acompañar el brócoli con zanahorias baby cocidas al vapor o también con patatas de guarnición.

La receta
Rulo de berenjena
con un toque de queso

Pela la cebolla y córtala en dados pequeños junto con el pimiento rojo. Saltea en una sartén con un poco de aceite de oliva hasta que los vegetales empiecen a estar tiernos.

Limpia el calabacín, córtalo también a dados pequeños y agrégalo al salteado, junto a un poco de perejil picado. Salpimienta y mantén a fuego medio durante 15 minutos. Retira del fuego y mezcla con el queso de untar.

Corta las berenjenas a lo largo en lonchas finas (para conseguirlo es importante que el cuchillo que utilices esté bien afilado). Dóralas en la plancha por ambos lados.

Extiende bien las láminas de berenjena y dispón sobre cada una de ellas una cucharada de la mezcla de verduras con queso que has preparado antes. Enrolla y sirve templado.

INGREDIENTES

- 2 berenjenas
- 1 pimiento rojo
- 1 cebolla
- 1 calabacín
- 150 g de queso de untar
- Perejil
- Aceite de oliva
- Sal
- Pimienta

Tiempo: 45 minutos
Raciones: 4 personas
Dificultad: Baja
Nivel calórico: 309 kcal

El truco

Para que las berenjenas pierdan el amargor que las caracteriza, una vez cortadas espolvorea por encima unos granos de sal y deja reposar unos minutos.

La receta

Canelones de espinacas
y requesón con tomate

Descongela las espinacas, escúrrelas y pícalas. Pela y pica la cebolla y sofríela en 2 cucharadas de aceite de oliva hasta que empiece a coger un tono transparente.

Añade al sofrito las espinacas, salpimienta y rehógalas 5 minutos. Incorpora el requesón (que habrás desmenuzado previamente) y los piñones. Remueve bien.

Pela y pica el ajo. Dóralo en un poco de aceite de oliva. Lava los tomates, pártelos por la mitad y rállalos. Agrégalos al ajo, salpimienta y sofríelos unos 10 minutos.

Remoja los canelones en agua siguiendo las indicaciones del fabricante y escúrrelos. Reparte la mezcla de espinacas en cada una de las placas y enróllalas bien.

Coloca en una fuente refractaria untada con aceite los canelones y dispón por encima la salsa de tomate y el queso rallado. Hornéalos, a 170º C, durante 25 minutos y sírvelos.

INGREDIENTES

- 12 placas de canelones precocidos
- 1 kg de espinacas congeladas
- 4 tomates
- 1 cebolla
- 2 dientes de ajo
- 30 g de piñones
- 150 g de requesón
- 100 g de queso rallado
- Aceite de oliva
- Sal
- Pimienta

Tiempo: 40 minutos
Raciones: 4 personas
Dificultad: Baja
Nivel calórico: 409 kcal

El truco

Si quieres rebajar un poco el tiempo de preparación puedes utilizar tomate triturado y hacer la salsa directamente en el microondas.

De cuchara

Purés y sopas, un primero saciante

Comer sano no significa tener que renunciar a platos de toda la vida como los reconstituyentes caldos y cremas. El secreto para que no sumen más calorías de la cuenta está en elegir ingredientes ligeros pero no por ello menos sabrosos.

Un mínimo de cuatro veces a la semana: es la cifra recomendada de consumo de sopas y purés que sugiere la Fundación Dieta Mediterránea.

No es de extrañar que esta institución apueste por los platos de cuchara. Sus virtudes son muchas, sobre todo si para su elaboración eliges ingredientes ligeros y sanos como los vegetales, el pescado, las carnes blancas o incluso las frutas. Con ellos pueden prepararse consomés y cremas bajos en calorías y muy apetitosos.

UNA OPCIÓN MUY NUTRITIVA

Tomar sopas y purés se convierte en otra manera de beneficiarse de las vitaminas, los minerales y el resto de nutrientes que aportan sus ingredientes por separado. La mezcla de alimentos puede aprovecharse, además, para incorporar por ejemplo aquella verdura cuyo sabor en solitario no acaba de convencer, a ti o a los más pequeños de la casa. Pero esto no es todo, también te beneficiarás de lo siguiente:

● **Agua a cucharadas.** La mayoría de caldos, sopas, consomés y cremas contienen aproximadamente un 90% de agua, señalan desde Henufood ("Health and Nutrition from Food"), un proyecto español de investigación científica que promueve los buenos hábitos alimentarios como forma de prevenir enfermedades como el colesterol, la diabetes tipo 2 o la hipertensión arterial. Tómalas a menudo y ayudarás a tu organismo a mantenerse bien hidratado.

● **Ayudan a no picar entre horas.** Precisamente su alto contenido en agua es uno de los factores que explican el efecto saciante de este tipo de platos. El otro, la riqueza en fibra de los vegetales, uno de los ingredientes estrella de consomés y cremas.

● **En invierno... y en verano.** Aunque solemos asociarlos a la comida caliente, también pueden tomarse fríos. Por ejemplo puedes elaborar una sabrosa crema fría de patata o un ajoblanco con melón, como verás en algunas de las siguientes recetas.

sabías que...

Te ayudarán a dormir mejor si los tomas en la cena. ¿El motivo? Sus ingredientes, al estar cocidos o triturados, se digieren muy fácilmente. Así lo recomienda la Sociedad Española de Nutrición Comunitaria (SENC).

La receta

Sopa de pepino
con gambas crujientes

Pela y pica un diente de ajo. A continuación, pela los pepinos, trocéalos y tritúralos junto a los yogures naturales, un poco de cebollino, el ajo, una pizca de sal y otra de pimienta. Añade agua hasta conseguir una textura líquida y reserva.

Retira las cabezas de las gambas y pélalas. Dóralas en la plancha por ambos lados con un poco de aceite de oliva (no las pases demasiado porque, si lo haces, quedarán excesivamente secas). Sácalas y colócalas sobre una rejilla para eliminar el exceso de grasa.

Sirve la sopa de pepino bien fría en cuatro boles y reparte sobre ella las gambas a la plancha. Decora con un poco de cebollino que habrás cortado finamente antes.

Espolvorea la sopa con una pizca de curry para darle un toque final de aroma y color. No te excedas con la cantidad porque su sabor es muy intenso (una cucharadita de postre te servirá para condimentar los cuatro boles).

INGREDIENTES

- 2 yogures naturales
- 3 pepinos
- Cebollino
- 250 g de gambas
- Aceite de oliva
- Ajo
- Curry
- Sal
- Pimienta

Tiempo: 20 minutos
Raciones: 4
Dificultad: Baja
Nivel calórico: 255 kcal

El truco

Si quieres obtener una sopa de pepino todavía más refrescante, sustituye el cebollino por menta, las gambas por salmón ahumado y el curry por eneldo.

La receta
Ajoblanco ligero
con brochetas de melón

Remoja la miga de pan en agua y reserva. Pela el ajo y colócalo en el vaso de la batidora junto con las almendras y un poco de agua. Tritura hasta que quede una mezcla homogénea.

Añade la miga de pan sin escurrir, 2 cucharadas de vinagre de Jerez y otras 2 de aceite de oliva. Tritura de nuevo hasta obtener una crema fina, agrega 3 vasos de agua fría y bate 1 minuto más. Ajusta de sal si es necesario.

Reserva el ajoblanco en la nevera durante unas horas, el tiempo suficiente para que la sopa esté bien fría.

Retira las pepitas del melón y corta la pulpa en bolitas con la ayuda de un vaciador poco antes de servir el ajoblanco. Ensártalas en 4 brochetas de madera.

Reparte el ajoblanco en cuencos, decora cada uno de ellos con una brocheta de melón y sirve.

INGREDIENTES

- 60 g de almendras crudas peladas
- 1 diente de ajo
- 20 g de miga de pan
- Vinagre de Jerez
- Aceite de oliva
- Sal
- 1/4 de melón

Tiempo: 20 minutos
Raciones: 4 personas
Dificultad: Baja
Nivel calórico: 170 kcal

El truco

Si quieres un ajoblanco más intenso incorpora un poco de jamón. Puedes añadirlo a la sopa, en taquitos, o insertarlo en lonchas en las brochetas, junto al melón.

La receta
Minestrone
de alubias

Pela el tomate, la zanahoria y las patatas. Despunta las judías verdes y córtalo todo en cuadraditos pequeños.

Lava el puerro y, una vez esté bien limpio, retira los filamentos de la base, las hojas exteriores y la parte superior más verde. Pícalo finamente. Pela y pica también el diente de ajo. Lava la coliflor y sepárala en ramitos pequeños.

Rehoga el puerro a fuego lento 5 minutos. Añade el ajo y el tomate y cocina 5 minutos más. Después agrega las patatas, la zanahoria y las judías verdes cortadas y cuece otro minuto.

Incorpora las alubias, la coliflor, los guisantes y los fideos. A continuación salpimienta, cubre con aproximadamente un litro y medio de agua, lleva a ebullición y, cuando empiece a hervir, mantén al fuego 5 minutos. Sirve la sopa bien caliente.

INGREDIENTES

- 100 g de alubias cocidas blancas y rojas
- 75 g de judías verdes
- 35 g de guisantes
- 1 zanahoria
- 1 tomate
- 2 patatas
- 1/2 coliflor pequeña
- 1/2 puerro
- 1 diente de ajo
- 60 g de fideos de cabello de ángel
- 2 cucharadas de aceite de oliva
- Sal y pimienta

Tiempo: 60 minutos
Raciones: 4 personas
Dificultad: Baja
Nivel calórico: 345 kcal

El truco

Puedes enriquecer esta receta con cualquier legumbre, arroz, pasta de sopa o también con verduritas que sean de temporada.

La receta
Sopa fría de tomate
con albahaca y picadillo

Pela los tomates, trocéalos y pásalos por la batidora. Incorpora a continuación el diente de ajo pelado y picado, 1 vasito de aceite de oliva, 6 cucharadas de vinagre, la sal y la pimienta, hasta obtener una crema fina. Resérvala en la nevera.

Cuece el huevo en un cazo con agua salada unos 10 minutos. Refréscalo entonces con agua fría, pélalo y pícalo bien. Lava los pimientos, límpialos y córtalos en daditos.

Lava las hojas de albahaca, sécalas con papel de cocina, reserva unas cuantas para decorar y pica el resto. Escurre las aceitunas negras deshuesadas y pícalas también.

Reparte la sopa bien fría en 4 cuencos. Mezcla los ingredientes picados y añádelos a la sopa. Decora con las hojas de albahaca reservadas, riega con un hilito de aceite y sirve.

INGREDIENTES

- 1 kg de tomates maduros
- 12 hojas de albahaca
- 1 huevo
- 1 diente de ajo
- 16 aceitunas negras deshuesadas
- 1/4 de pimiento rojo
- 1/4 de pimiento verde
- Vinagre balsámico
- Aceite de oliva
- Sal
- Pimienta

Tiempo: 20 minutos
Raciones: 4 personas
Dificultad: Baja
Nivel calórico: 185 kcal

El truco
Para pelar los tomates con facilidad, hazles cortes en forma de cruz en la base y escáldalos durante 2 minutos en agua.

La receta
Crema de calabacín
con jamón

Forra una bandeja con papel de horno y extiende sobre ella las lonchas de jamón. Cúbrelas con otro papel, ponles un peso encima y hornéalas 15 o 20 minutos a 180° C.

Raspa, lava y seca las zanahorias. Lava, seca y despunta los calabacines y trocea bien ambas hortalizas.

Limpia, lava y pica el puerro, y pela y pica la cebolla. Rehógalos en una cazuela con dos cucharadas de aceite y, cuando se empiecen a dorar, añade los calabacines y las zanahorias troceados.

Cubre con agua las verduras, sazona y cuece 20 minutos, hasta que estén blandas. Tritúralo todo hasta obtener una textura cremosa.

Corta la mitad del jamón horneado en trozos pequeños. La otra mitad pártela, con las manos, en láminas grandes. Sirve la crema e incorpora el jamón (tanto troceado como en láminas).

INGREDIENTES

- 1 kg de calabacines
- 4 zanahorias
- 4 lonchas de jamón serrano
- 1 cebolla
- 1/2 puerro
- Aceite de oliva
- Sal

Tiempo: 40 minutos
Raciones: 4 personas
Dificultad: Baja
Nivel calórico: 86 kcal

El truco

Si no tienes tiempo para cocinar el jamón al horno, puedes prepararlo en un par de minutos en el microondas. Te quedará igualmente crujiente.

La receta
Crema de guisantes
con picatostes

Corta dos rebanadas de pan integral en daditos y tuéstalos en el horno hasta que estén dorados y crujientes. Reserva.

Pela la patata y trocéala. Lava el puerro, retira las raíces, la parte más verde y la primera capa, y corta la parte blanca en láminas. Dispón entonces el puerro y la patata en una olla con un poco de aceite.

Deja pochar el puerro y la patata a fuego suave, mientras remueves con una cuchara de madera. Añade los guisantes y un litro de agua. Salpimienta y cuece las verduras durante 20 minutos.

Vierte el contenido de la olla en el vaso de la batidora y tritura hasta que quede una crema fina y homogénea. Pasa la crema por el colador chino para eliminar posibles grumos.

Distribuye la crema de guisantes en boles o platos hondos y decora con los picatostes de pan integral que has reservado, un hilo de aceite de oliva, el salmón ahumado cortado en virutas finas y unas hojitas de menta. Sirve la crema fría o caliente.

INGREDIENTES

- 800 g de guisantes
- 1 puerro
- 1 patata
- 50 g de salmón ahumado
- Pan integral
- Menta fresca
- Aceite de oliva
- Sal
- Pimienta

Tiempo: 35 minutos
Raciones: 4 personas
Dificultad: Baja
Nivel calórico: 297 kcal

El truco

Si lo prefieres, en vez de salmón ahumado puedes añadir a cada uno de los cuencos un huevo pochado. Mezclado con la crema de guisantes queda muy bueno.

La receta
Sopa de cebolla
gratinada con emmental

Precalienta el horno con el grill encendido. Pela las cebollas, córtalas en láminas finas y rehógalas en una cazuela con 3 cucharadas de aceite, a fuego lento, hasta que estén ligeramente doradas.

Añade 1 cucharada de vino blanco y sube la intensidad del fuego durante 1 minuto para que reduzca. Agrega la harina, mezcla bien con una cuchara de madera y cuece 1 minuto más.

Incorpora el caldo de carne, salpimienta y deja cocer a fuego lento durante 30 minutos. Reparte la sopa en cazuelitas individuales.

Tuesta las rebanadas de pan y dispón dos en cada cazuelita. Ralla el queso emmental y espolvorea encima del pan.

Pon las cazuelitas en el horno caliente y gratínalas durante unos minutos, hasta que la superficie esté dorada y el queso se haya fundido. Sirve la sopa inmediatamente.

INGREDIENTES

- 2 cebollas medianas
- 1/2 cucharada de harina
- 1 l de caldo de carne
- Vino blanco
- 8 rebanadas de pan
- 70 g de queso emmental
- Aceite de oliva
- Sal
- Pimienta

Tiempo: 55 minutos
Raciones: 4 personas
Dificultad: Baja
Nivel calórico: 210 kcal

El truco

Añade unas ramitas de tomillo justo antes de incorporar el pan tostado y retira minutos después. Le dará un toque extra de sabor al plato.

La receta
Caldo blanco
con albóndigas de pollo

Lava las carcasas de pollo y ponlas a hervir en una olla grande con dos litros y medio de agua. Pela la patata y la cebolla, raspa las zanahorias, limpia el apio y el puerro y lava todos los vegetales.

Corta por la mitad las hortalizas y agrégalas a la olla. Cuando hierva de nuevo añade media cucharada de sal y cuece durante 1 hora. Pasados los primeros 10 minutos de cocción, retira la espuma que haya en la superficie con una espumadera.

Deja el pan en remojo en la leche. Lava, seca y pica el perejil. Pon la carne de pollo en un cuenco y agrega el huevo, el perejil, el pan escurrido, una pizca de sal, otra de pimienta y otra de nuez moscada. Mézclalo todo con un tenedor, haz bolitas y pásalas por harina.

Cuela el caldo y cuece la pasta en el tiempo indicado en el envase. A media cocción, agrega las albóndigas. Una vez hechas, repártelo todo en cuencos y sirve caliente.

INGREDIENTES

- 2 carcasas de pollo
- 1 cebolla
- 2 zanahorias
- 1 patata
- 1 puerro
- 2 ramitas de apio
- Nuez moscada
- Perejil
- 1 huevo
- 2 rebanadas de pan
- 1/2 vaso de leche
- Harina
- 160 g de pasta
- 350 g de carne de pollo picada
- Pimienta y sal

Tiempo: 1 hora 20 minutos
Raciones: 4 personas
Dificultad: Media
Nivel calórico: 215 kcal

El truco

Si tienes sobras de pollo asado en casa, pícalo bien y utilízalo para elaborar las albóndigas. Ten en cuenta, eso sí, que deberás introducirlas más tarde en el caldo.

La receta
Sopa de marisco
al aroma de azafrán

Pela las gambas y hierve sus cabezas con agua y sal durante aproximadamente 20 minutos. Reserva el caldo resultante. Luego, sofríe en una olla baja con aceite el apio pelado y troceado.

Agrega el puerro lavado y picado finamente y también el tomillo. Incorpora después las anillas de calamar cortadas en dados y los tomates, que antes habrás pelado y triturado.

Añade las almejas, el rape, las gambas y el azafrán molido a la olla. Cubre con el caldo de las gambas que has reservado, sazona y reparte las 2 tazas de arroz.

Deja cocer todo 10 minutos y sirve la sopa de marisco en un plato hondo, bien caliente. Decora con un poco de perejil picado para dar un toque de color a la receta.

INGREDIENTES

- 1 puerro
- 1 rama de apio
- 3 tomates
- 100 g de rape
- 200 g de almejas
- 200 g de gambas
- 150 g de anillas de calamar
- Tomillo
- Perejil fresco
- 2 tazas de arroz
- Azafrán
- Aceite de oliva
- Sal

Tiempo: 35 minutos
Raciones: 4 personas
Dificultad: Media
Nivel calórico: 301 kcal

El truco

Para evitar que el arroz quede demasiado pasado puedes cocerlo aparte, refrescarlo e introducirlo en la sopa justo cuando la vayas a servir.

sana energía

Pastas y arroces, imprescindibles

Algunas dietas renuncian a ellos en sus menús, obviando la importancia de los hidratos de carbono como principal fuente de energía del organismo. No en vano la pirámide alimentaria los sitúa en la base de nuestra dieta.

Pese a ser el combustible principal del organismo, seguro que alguna amiga tuya (o incluso tú misma) ha pronunciado alguna vez la siguiente frase: "no como pasta porque engorda". Afortunadamente cada vez son más los estudios que dan argumentos para luchar contra este falso mito.

De hecho, una dieta equilibrada que incluya hidratos de carbono complejos (como el arroz y la pasta integral) se asocia a un menor índice de masa corporal (IMC). Lo sostienen la Federación Española de Sociedades de Nutrición, Alimentación y Dietética (FESNAD) y la Sociedad Española para el Estudio de la Obesidad (SEEDO) en un documento conjunto con conclusiones basadas en la evidencia científica.

¿SE PUEDEN COMER A DIARIO?

Los hidratos de carbono (pan, pasta, arroz…) deben representar, como mínimo, el 50% del aporte energético total de nuestra dieta según ambas sociedades.

Algo muy fácil de conseguir si tomas dos o tres veces por semana tanto pasta como arroz y acompañas las comidas principales con una ración de pan integral, tal y como recomienda la Sociedad Española de Nutrición Comunitaria (SENC).

LA IMPORTANCIA DEL ÍNDICE GLUCÉMICO

El proceso de digestión facilita que los hidratos de carbono se conviertan en glucosa, que es nuestra principal fuente de energía. La glucosa puede liberarse rápidamente o de forma más gradual, algo en lo que el índice glucémico (IG) tiene mucho que ver.
- IG bajo. Los cereales integrales son ricos en fibra y, por tanto, algo más difíciles de digerir que la versión refinada. Esto contribuye a bajar su IG, lo que se traduce en una liberación de energía lenta y constante.
- IG alto. Los cereales refinados, en cambio, al ser más fáciles de digerir liberan su energía rápidamente, provocando picos puntuales y bajadas bruscas.

sabías que...

En España nos quedamos cortos en el consumo de hidratos de carbono según la Encuesta ENIDE. De media tomamos 3,3 raciones al día y, por tanto, no alcanzamos las entre 4 y 6 tomas recomendadas.

La receta
Lasaña fría de pollo
con tomatitos

Pela y pica los ajos y la cebolla. Lava los tomates y córtalos en rodajitas. Lava y seca el perejil, reserva unas hojas enteras y pica finas las demás. Limpia los filetes de pollo de posibles restos de ternillas y grasa: lávalos, sécalos con papel de cocina y salpimiéntalos.

Calienta 2 cucharadas de aceite en una sartén grande y sofríe la cebolla y el ajo durante 4 o 5 minutos. Agrega los tomates y las alcaparras bien escurridas, salpimienta y saltea durante 2 o 3 minutos. Espolvorea con un poco del perejil picado y aparta del fuego.

Dora las pechugas de pollo en una sartén o una plancha con unas gotas de aceite, 3 minutos por cada lado. Retíralas, córtalas en tiras y mézclalas con el salteado de tomates y alcaparras.

Cuece las placas de lasaña en abundante agua con una pizca de sal según las instrucciones del envase. Refréscalas con agua fría y extiéndelas sobre un paño. Monta la lasaña alternado láminas de pasta con la preparación anterior.

Corona con un poco de relleno, riega con un hilo de aceite, espolvorea con perejil y decora con las hojas reservadas.

INGREDIENTES

- 12 placas de lasaña
- 1/2 kg de filetes gruesos de pechuga de pollo
- 25 tomatitos cereza
- 2 dientes de ajo
- 1 cebolla grande
- 3 ramitas de perejil
- 4 cucharadas de alcaparras en vinagre
- Aceite de oliva
- Sal
- Pimienta

Tiempo: 35 minutos
Raciones: 4 personas
Dificultad: Baja
Nivel calórico: 320 kcal

El truco

Si quieres degustar esta receta en caliente, añade salsa de tomate al relleno y gratina al horno con queso rallado espolvoreado por encima.

La receta
Ensalada tibia de pasta
con gulas y aguacate

Cuece la pasta en agua salada el tiempo que indique el envase. Refréscala con agua fría y escúrrela bien.

Raspa, lava y ralla las zanahorias. Pela el aguacate, deshuésalo y córtalo en dados; rocíalo con el zumo del limón para que no se oxide. Pela la cebolla y córtala en juliana.

Mezcla 3 cucharadas de aceite con 1 de vinagre de Jerez, una pizca de sal y otra de pimienta, y bátelo todo bien. Dispón la pasta, los vegetales y el aliño en una ensaladera.

Limpia la lechuga, separa las hojas y lávalas. Repártelas en 4 platos, formando un lecho, e incorpora la mezcla anterior por encima.

Saltea las gulas ligeramente en una sartén antiadherente, distribúyelas también sobre la pasta y sirve enseguida.

INGREDIENTES

- 150 g de espirales de pasta
- 1 envase de gulas
- 1 lechuga hoja de roble
- 1 aguacate
- 2 zanahorias
- 1 cebolla morada
- 1 limón
- Aceite de oliva
- Vinagre de Jerez
- Sal
- Pimienta

Tiempo: 25 minutos
Raciones: 4 personas
Dificultad: Baja
Nivel calórico: 215 kcal

El truco

Otra opción es sustituir las gulas por huevos de gallina o de codorniz: prepáralos escalfados, a la plancha o pasados por agua.

La receta

Tallarines al pesto
con salteado de setas

Hierve la pasta con abundante agua, sal, aceite y una hoja de laurel durante 8 minutos. Pasado este tiempo escurre y refresca los tallarines bajo un chorro de agua. Reserva.

Tritura 4 dientes de ajo, un manojo de perejil, otro de albahaca y una pizca de pimienta en grano.

Ve añadiendo aceite de oliva poco a poco a la picada anterior, hasta obtener una salsa verde muy aromática y espesa.

Dora las setas en una sartén antiadherente con unas gotas de aceite de oliva y, cuando cojan color, añade la pasta y la salsa pesto.

Saltea todos los ingredientes durante aproximadamente 5 minutos, vierte el queso por encima y sirve caliente. Decora con unas hojas enteras de albahaca en el lateral del plato.

INGREDIENTES

- 320 g de tallarines
- 200 g de setas variadas
- 50 g de queso parmesano
- Ajos
- Perejil
- Albahaca
- Laurel
- Aceite de oliva
- Sal
- Pimienta

Tiempo: 25 minutos
Raciones: 4 personas
Dificultad: Baja
Nivel calórico: 450 kcal

El truco

Si no vas a utilizar la pasta justo después de su cocción, refréscala con un poco de agua fría. De lo contrario puede quedar apelmazada en el momento de servir.

La receta
Pasta fresca
con espárragos y huevo

Pela y pica el ajo y rehógalo en un cazo con la mantequilla hasta que se dore. Añade 200 ml de nata, sal, pimienta y el perejil previamente lavado y picado. Lleva a ebullición y agrega el queso. Cuece a fuego suave hasta que la salsa espese un poco.

Elimina la parte fibrosa de los espárragos, lávalos, córtalos por la mitad a lo largo y luego trocéalos. Saltéalos 2 o 3 minutos en dos cucharadas de aceite y salpimienta.

Corta 4 cuadrados de film transparente, forra con uno de ellos un bol, añade unas gotas de aceite y casca un huevo en él. Cierra el film con un nudo o con hilo de cocina, intentando que quede el menor aire posible. Repite la operación con los demás huevos.

Introduce los huevos en un cazo con agua hirviendo y cuécelos 4 minutos. Retíralos, deja que se templen y sácalos del plástico.

Cuece los tallarines en una olla con agua salada hasta que estén al dente y escúrrelos. Mézclalos con los espárragos, repártelos en los platos, coloca en el centro un huevo y sirve con la salsa.

INGREDIENTES

- 600 g de tallarines frescos
- 4 huevos
- 1 manojo de espárragos verdes
- Aceite de oliva
- Sal
- Pimienta

Para la salsa:
- 70 g de parmesano rallado
- 30 g de mantequilla ligera
- Nata líquida ligera
- 1 diente de ajo
- 1 ramita de perejil
- Pimienta
- Sal

Tiempo: 35 minutos
Raciones: 4 personas
Dificultad: Media
Nivel calórico: 490 kcal

El truco
Para que el huevo quede más aromático puedes añadir un puñadito de hierbas (tomillo, mezcla provenzal, salvia...) al papel film, antes de cocinarlo.

La receta
Espaguetis integrales
con verduras de la huerta

Despunta los calabacines, lávalos y córtalos en láminas con una mandolina. Raspa las zanahorias, lávalas y córtalas también con la mandolina. Pela y pica la cebolla y los ajos.

Calienta 3 cucharadas de aceite en una sartén, añade la cebolla y rehógala 10 minutos. Agrega el ajo picado y saltea 1 minuto. Incorpora el calabacín y la zanahoria y salpimienta. Tapa y prosigue la cocción durante 3 o 4 minutos más.

Cuece la pasta en abundante agua salada durante el tiempo que indique el fabricante, hasta que quede al dente. Escúrrela y mézclala con la preparación anterior y las nueces troceadas.

Reparte los espaguetis en 4 platos hondos e incorpora las hojas de albahaca, previamente lavadas. Sirve enseguida.

INGREDIENTES

- 350 g de espaguetis integrales
- 2 zanahorias
- 2 dientes de ajo
- 2 calabacines pequeños
- 1 cebolla grande
- 8 nueces
- Unas hojitas de albahaca
- Aceite de oliva
- Sal
- Pimienta

Tiempo: 35 minutos
Raciones: 4 personas
Dificultad: Baja
Nivel calórico: 365 kcal

El truco

Si lo prefieres, aliña los espaguetis con 2 cucharadas de salsa pesto ya preparada. En ese caso, prescinde del ajo y de la cebolla.

La receta
Fideos a la marinera
con rape y sepia

Pela y pica la cebolla y el pimiento verde. Lava, escalda y tritura los tomates y pica los dientes de ajo.

Sofríe el ajo y cuando empiece a dorarse añade la cebolla y el pimiento picados y el tomate triturado.

Añade las gambas peladas pasados unos minutos, junto al rape cortado en rodajas, la sepia troceada y sal al gusto y mantén a fuego medio hasta que todo esté tierno.

Incorpora los fideos gruesos y dos vasos de caldo de pescado hirviendo y cuece hasta que la pasta esté al dente.

Deja reposar unos minutos, espolvorea orégano por encima y sirve los fideos a la marinera en platos hondos.

INGREDIENTES

- 150 g de fideos
- 500 g de rape
- 16 gambas
- 1 sepia
- 1 cebolla
- 3 dientes de ajo
- 4 tomates
- 1 pimiento verde
- Caldo de pescado
- Orégano
- Aceite de oliva
- Sal

Tiempo: 30 minutos
Raciones: 4 personas
Dificultad: Baja
Nivel calórico: 380 kcal

El truco
Si tienes prisa puedes sustituir la sepia por almejas o seleccionar fideos más finos. De esta forma reducirás el tiempo de cocción a la mitad.

La receta
Arroz con codornices, judías verdes y calabacín

Separa la pechuga y los muslos de las codornices. Dora las carcasas en una sartén antiadherente con un chorrito de aceite de oliva, cubre con agua y cuece durante 15 minutos.

Dora también los muslos en aceite de oliva, en una paella. Añade el ajo previamente picado, el pimentón, los 3 tomates (que antes habrás lavado y rallado) y medio vaso de vino blanco. Deja reducir y, a continuación, agrega el arroz a la paella.

Tuesta el arroz 1 minuto, baña con el caldo que has elaborado con las carcasas de codorniz y cuece 16 minutos aproximadamente.

Dora las pechugas de codorniz en aceite. Mientras van cogiendo color, lava y trocea las judías verdes y el calabacín.

Incorpora las verduras 5 minutos antes de terminar la cocción del arroz y sazona. Agrega las hierbas y sírvelo con las pechugas de codorniz que acabas de dorar.

INGREDIENTES

- 400 g de arroz
- 6 codornices
- 3 tomates
- 3 judías verdes
- 1/2 calabacín
- 1 diente de ajo
- Pimentón
- Tomillo
- Orégano
- Romero
- Aceite de oliva
- Vino blanco
- Sal

Tiempo: 30 minutos
Raciones: 6 personas
Dificultad: Baja
Nivel calórico: 290 kcal

El truco

Cuando vayas a comprar las codornices, elige las de carne más compacta. Y, si lo prefieres, puedes sustituirlas en esta receta por pollo o conejo.

La receta
Tarta de arroz
con tomate confitado

Vierte dos vasos de agua en una olla y caliéntala. Cuando hierva, sazona y añade el arroz. Tapa el recipiente, deja que cueza todo unos 15 minutos y escurre.

Pela y pica la cebolla y los ajos por separado. Despunta la berenjena, lávala y córtala en dados pequeños. Lava también las espinacas, escáldalas unos segundos en agua hirviendo y escurre.

Lava, pela y trocea los tomates. Sazona y confítalos 20 minutos en un cazo con 2 cucharadas de aceite y el ajo picado. En otra sartén, rehoga la cebolla 5 minutos y, entonces, agrega la berenjena. Sofríe 5 minutos más y salpimienta.

Divide el arroz en dos partes y mezcla una parte con el sofrito de berenjena y la otra con las espinacas, la albahaca lavada y la mitad de la mozzarella rallada.

Precalienta el horno a 200° C. Extiende el arroz con berenjena en una fuente refractaria untada con aceite. Añade una capa de tomate y termina con la mezcla de espinacas. Espolvorea la superficie con el resto de la mozzarella, gratina 20 minutos y sirve caliente.

INGREDIENTES

- 250 g de arroz de grano redondo
- 1 cebolla
- 600 g de tomates maduros
- 1 berenjena
- 200 g de espinacas tiernas
- 2 dientes de ajo
- Albahaca
- 150 g de mozzarella rallada
- Aceite de oliva
- Sal
- Pimienta

Tiempo: 50 minutos
Raciones: 4 personas
Dificultad: Media
Nivel calórico: 429 kcal

El truco

Elige los vegetales de esta tarta en función de la temporada. En otoño puedes prepararla con acelgas y setas, y en primavera con espárragos y judías verdes.

La receta
Arroz con alcachofas
y espárragos trigueros

Pela y pica finamente los dientes de ajo y la cebolla. Sofríe primero el ajo en una paella con dos cucharadas de aceite de oliva y, cuando tome color, añade la cebolla.

Lava el calabacín y córtalo en bastoncitos. Limpia las alcachofas dejando solo los corazones y trocéalas en gajos. Corta el pimiento rojo en dados y los espárragos en trocitos.

Agrega todas las verduras al sofrito de ajo y cebolla. Cocina 10 minutos a fuego medio removiendo de vez en cuando.

Una vez pochadas las verduras, añade el arroz, rehoga unos segundos y, entonces, cubre con el caldo de verduras. Sazona con sal y orégano y cuece durante 12 minutos.

Deja reposar 5 minutos más, decora el arroz con verduras con una ramita de perejil y sirve bien caliente.

INGREDIENTES

- 300 g arroz
- 1 cebolla
- 100 g de espárragos trigueros
- 2 alcachofas
- 1/2 pimiento rojo
- 1 calabacín
- 3 dientes de ajo
- Orégano
- 1 litro de caldo de verduras
- Aceite de oliva
- Sal
- Pimienta

Tiempo: 35 minutos
Raciones: 4 personas
Dificultad: Baja
Nivel calórico: 342 kcal

El truco

Si en el último momento añades unas pipas de girasol o calabaza peladas, le darás un toque crujiente al plato realmente apetitoso.

La receta
Flan de arroz
y espinacas

Lava las espinacas y escúrrelas a conciencia. Trocea finamente 3 lonchas de jamón serrano y saltéalo en una sartén con los piñones y un hilo de aceite de oliva. Cuando los frutos secos empiecen a coger color, agrega las espinacas.

Sazona con sal y mantén a fuego medio durante aproximadamente 8 minutos. Añade una cucharada de aceite, las pasas y el arroz y rehoga 3 minutos. Pela y pica la cebolla y añádela también.

Hierve el caldo de ave, incorpóralo al arroz y déjalo cocer 12 minutos. Mientras tanto, engrasa la superficie de los típicos moldes de flan con un poco de aceite de oliva.

Cuando el arroz esté en su punto, retira del fuego y dispón, en los moldes de flan, capas de espinacas y de arroz. Desmolda, sirve y decora con unas gotas de tomate frito.

INGREDIENTES

- 1 kg de espinacas
- 1 cebolla
- 40 g de piñones
- 40 g de pasas
- Jamón serrano
- 300 g de arroz
- Caldo de ave
- Aceite de oliva
- Tomate frito
- Sal

Tiempo: 30 minutos
Raciones: 4 personas
Dificultad: Baja
Nivel calórico: 388 kcal

El truco

Si usas espinacas frescas debes eliminar los nervios del tallo antes de rehogarlas. Para lograrlo, sujeta la hoja entre los dedos y estira del tallo.

La receta

Arroz con habas
y mejillones

Limpia los mejillones, ráspalos bien y colócalos en una olla al fuego y sin agua hasta que se abran. Separa entonces las valvas y retira las que estén vacías.

Pica la cebolla, los dientes de ajo y el pimiento verde y ralla el tomate. Colócalo todo en una cazuela de barro con 4 cucharadas de aceite de oliva y sofríe unos 15 minutos.

Añade el arroz y sofríe removiendo un minuto más. Agrega entonces el caldo de pescado caliente, sazona y cocina 10 minutos.

Incorpora las habas, los mejillones y el azafrán disuelto en un poco de caldo y termina la cocción en el horno, precalentado a 180º C, aproximadamente 10 minutos más.

Sirve en 4 platos hondos, procurando que los mejillones queden bien repartidos entre todos los comensales.

INGREDIENTES

- 300 g de arroz bomba
- 1 cebolla
- 1 pimiento verde
- 3 tomates maduros
- 24 mejillones grandes
- 100 g de habas congeladas
- 2 dientes de ajo
- 1 l de caldo de pescado
- Aceite de oliva
- Sal
- Azafrán

Tiempo: 45 minutos
Raciones: 4 personas
Dificultad: Baja
Nivel calórico: 445 kcal

El truco

Una vez incorporado el caldo no remuevas demasiado el arroz. Si lo hicieras el cereal soltaría su almidón y quedaría más pastoso.

Las "olvidadas"

Legumbres, la proteína vegetal

Son económicas, saludables y pueden dar mucho juego en la cocina. Pese a ello, son el cuarto alimento menos consumido por los españoles según datos oficiales. Su inmerecida fama de calóricas seguramente tiene mucho que ver.

El 5% de los españoles nunca come legumbres, sostiene la Agencia Española de Seguridad Alimentaria y Nutrición (AESAN), teniendo en cuenta los datos de una amplia encuesta.

Los que las comen tampoco suelen alcanzar la cantidad mínima de consumo recomendada. De media tomamos 1,8 raciones de legumbres a la semana, una cifra por debajo de las entre 2 y 4 raciones que se aconsejan en la pirámide alimentaria.

DI ADIÓS A LAS EXCUSAS PARA NO TOMARLAS

¿Por qué nos cuesta tanto incluir este alimento en nuestros menús? Los siguientes motivos pueden dar respuesta a esta pregunta:

● **Necesitan remojo.** Seguramente el remojo previo al que deben someterse algunas legumbres y su tiempo de cocción no ayuda a tenerlas en cuenta. Si es tu caso comprar las legumbres en conserva, ya cocidas, puede ayudarte a empezar a consumirlas. Eso sí, enjuágalas muy bien antes de incorporarlas a tus recetas para eliminar los conservantes.

● **Engordan mucho, ¿no?** Su fama de calóricas tampoco contribuye a que las comamos, aunque, en realidad, es inmerecida porque proviene sobre todo de sus acompañamientos más tradicionales (chorizo, tocino, morcilla...). Pero si en su lugar eliges vegetales, pescados o carnes magras puedes elaborar platos muy sanos y equilibrados. Combínalas con pasta y arroz y, además, obtendrás proteínas de mejor calidad.

● **Provocan molestias digestivas.** Aunque es cierto que en algunas personas facilitan la aparición de gases y flatulencias, este molesto síntoma puede evitarse de varias maneras. Una de ellas es rompiendo el hervor mientras las cueces, otra añadiendo al agua de cocción especias carminativas como por ejemplo el comino y el hinojo. Por último, tomar un yogur de postre te ayudará también a digerirlas mejor.

sabías que...

Las habas y los guisantes también son legumbres pero se consumen frescos, y no secos como las alubias, los garbanzos o las lentejas. Incorpóralos a tus menús como una ración más de este grupo de alimentos.

La receta

Cazuela de alubias
y almejas

Pon las alubias en remojo de agua un día antes de cocinarlas. Pasado este tiempo escúrrelas, cúbrelas con agua salada y cuécelas 2 horas con la cebolla pelada, los pimientos lavados, limpios y troceados, un diente de ajo pelado, una pizca de pimentón dulce y 2 cucharadas de aceite de oliva.

Deja en remojo de agua con sal las chirlas unos 30 minutos, mientras las alubias se van cocinando. Cambia el agua un par de veces.

Saca de la olla las verduras con las que has cocido las alubias y tritúralas. Escurre las almejas y cuécelas con el vino blanco hasta que se abran. Resérvalas y cuela el caldo.

Pela, pica y sofríe el ajo restante en un poco de aceite. Añade 1 cucharada de harina, el caldo de las chirlas, perejil picado, las alubias con un poco de su caldo de cocción y la verdura.

Cuece unos instantes, retira y mezcla con las chirlas. Sirve en cazuelitas individuales, bien caliente.

INGREDIENTES

- 300 g de alubias blancas
- 150 g de chirlas
- 1 cebolla
- 2 pimientos verdes
- 2 dientes de ajo
- 1 vasito de vino blanco
- 1 cucharada de harina
- Pimentón dulce
- Perejil picado
- Aceite de oliva
- Sal

Tiempo: 2 horas 30 minutos
Raciones: 4 personas
Dificultad: Baja
Nivel calórico: 235 kcal

El truco

Si no tienes tiempo para cocer las alubias o has descuidado ponerlas en remojo el día anterior puedes utilizar legumbres en conserva.

La receta
Guiso exprés
de judías y garbanzos

Abre los frascos de judías y garbanzos cocidos, echa las legumbres en un colador y lávalas bajo el grifo con abundante agua fría. Escúrrelas bien y reserva para más tarde.

Pela las zanahorias y la cebolla, córtalas a pequeños dados y rehoga en una olla con un poco de aceite de oliva.

Lava y corta en tiras finas una rama de apio y el puerro. Agrega las hortalizas a la olla cuando las zanahorias empiecen a estar tiernas.

Añade perejil picado y dos vasos de caldo de ave y deja cocer todo durante 10 minutos más. Incorpora las judías y los garbanzos, sazona con sal y sirve bien caliente en 4 platos hondos o, si lo prefieres, en 4 cazuelitas para purés y sopas.

INGREDIENTES

- 1 bote de judías y 1 de garbanzos cocidos
- 2 zanahorias
- Apio
- 1 cebolla
- 1 puerro
- Caldo de ave
- Perejil
- Aceite de oliva
- Sal

Tiempo: 35 minutos
Raciones: 4 personas
Dificultad: Baja
Nivel calórico: 398 kcal

El truco

Lava las legumbres en conserva antes de cocinarlas. ¿El motivo? Así eliminarás la sal que contienen, que ayuda a que se conserven mejor.

La receta
Jamón con lentejas
y picadillo de verduras

Deja en remojo de agua las lentejas la noche anterior a preparar esta receta, para que se reblandezcan. Escúrrelas y cuécelas en agua con una cucharadita de aceite de oliva, sal y comino, durante 30 minutos. Escúrrelas de nuevo y deja que se enfríen.

Limpia la cebolleta y pica la parte blanca. Lava el pimiento verde y el tomate, retírales el pedúnculo y córtalos en dados muy pequeños. Corta el queso fresco también en daditos.

Introduce las lentejas en un cuenco grande, agrega el pimiento verde, la cebolleta, el tomate y el queso de Burgos y aliña con 1 cucharada de vinagre de Jerez, 4 de aceite de oliva, sal y pimienta. Mezcla bien todos los ingredientes.

Forma cucuruchos con el jamón. Sujeta las lonchas con un palillo y rellena cada una de ellas con la ensalada de lentejas que has preparado. Sirve inmediatamente.

INGREDIENTES

- 400 g de lentejas
- 8 lonchas de jamón serrano
- 1/2 cebolleta
- 1 pimiento verde pequeño
- 1 tomate
- 50 g de queso de Burgos
- Aceite de oliva
- Vinagre de Jerez
- Comino molido
- Sal
- Pimienta

Tiempo: 50 minutos
Raciones: 4 personas
Dificultad: Baja
Nivel calórico: 348 kcal

El truco

No prepares los cucuruchos hasta el momento de servir el plato. Así evitarás que el jamón se reblandezca y su sabor se mezcle con el de la ensalada.

La receta
Alubias y setas
al aroma de ajo y perejil

Limpia las setas con un paño húmedo y elimina la base terrosa. Cuando estén bien limpias, trocéalas. Si no están de temporada, puedes utilizar setas en conserva: en ese caso lávalas muy bien para eliminar posibles restos de conservantes y escurre.

Pela y pica finamente los ajos. Fríelos en una sartén antiadherente grande con dos cucharadas de aceite de oliva.

Cuando empiecen a tomar color, sube el fuego al máximo y añade las setas lavadas y troceadas. Agrega a continuación el perejil picado, saltea unos minutos y sazona.

Incorpora las alubias blancas cocidas (previamente lavadas y escurridas) y fríe durante 10 minutos más, moviendo la sartén a menudo para que las legumbres no se peguen a la base.

Sirve el salteado inmediatamente y corona la presentación con unas hojas de perejil fresco por encima.

INGREDIENTES

- 1 bote de alubias blancas cocidas
- 200 g de setas
- 2 dientes de ajo
- Perejil
- Aceite de oliva
- Sal

Tiempo: 15 minutos
Raciones: 4 personas
Dificultad: Baja
Nivel calórico: 320 kcal

El truco

Es muy importante que no añadas sal a las setas hasta que estén bien hechas. De esta forma evitarás que suelten agua y queden hervidas.

La receta
Paté de garbanzos
con endibias y verduritas

Enjuaga y escurre bien los garbanzos. Disponlos en el vaso de la batidora junto a la pasta de sésamo, el comino molido, una cucharada de aceite de oliva y una pizca de sal. Exprime el limón y agrega casi todo el zumo del cítrico.

Pasa todo por la batidora hasta conseguir una crema homogénea y densa. Si el paté queda demasiado espeso, se puede aligerar con un poco de agua. Ajusta de sal si es necesario, remueve y reserva.

Separa las hojas de la endibia con cuidado para que no se rompan. Lávalas y sécalas. A continuación limpia y lava la cebolleta y el pimiento. Lava también los tomates y córtalo todo en daditos. Mezcla las hortalizas en un cuenco amplio, sazona y riega con el resto del zumo de limón. Remueve bien y reserva.

Coloca una cucharada del paté de garbanzos sobre el extremo más ancho de las hojas de endibia y disponlas en una fuente. Reparte el picadillo de verduras por encima y sírvelas enseguida, espolvoreadas con un poco de pimentón.

INGREDIENTES

- 250 g de garbanzos cocidos
- 1 limón
- 1/2 cucharadita de comino molido
- 1 cebolleta
- 1 cucharada de pasta de sésamo (tahini)
- 4 endibias
- 2 tomates pera
- 1 cucharadita de pimentón dulce
- 1 pimiento verde
- Aceite de oliva
- Sal

Tiempo: 20 minutos
Raciones: 4 personas
Dificultad: Baja
Nivel calórico: 160 kcal

El truco

Si quieres darle un toque de color a la presentación, utiliza dos endibias rojas y ve alternándolas en el plato con las hojas de las endibias blancas.

La receta
Ensalada fría
con lentejas y vieiras

Abre las vieiras con la punta de un cuchillo con cuidado, para no dañar la carne, y pásalas por agua para eliminar los restos de arenilla de su interior. Dóralas entonces en una sartén antiadherente con unas gotas de aceite de oliva y reserva.

Saltea los ajos picados, las zanahorias, los pimientos y los pepinos troceados a dados. Cuando cojan color incorpora un buen chorro de vinagre y otro chorrito de aceite.

Abre el bote de lentejas y enjuágalas con agua fría. Deja que escurran bien y viértelas en un bol ancho o una ensaladera. Incorpora las cebolletas crudas previamente picadas y las verduras que has salteado hace un momento.

Añade las vieiras enteras por encima y decora con un poco de cebollino (tanto picado como en ramitas enteras). Si lo deseas, también puedes añadir unas láminas de pimiento rojo asado.

INGREDIENTES

- 1 bote de lentejas
- 2 cebolletas
- 4 vieiras
- 2 zanahorias
- 2 pepinos
- 2 pimientos rojos
- Cebollino
- 2 dientes de ajo
- Vinagre de Módena

Tiempo: 15 minutos
Raciones: 4 personas
Dificultad: Media
Nivel calórico: 301 kcal

El truco

Las vieiras, como ocurre con las almejas o las navajas, no deben dejarse demasiado tiempo sobre la plancha. Si se cocinan en exceso pierden sabor y se deshidratan.

La receta

Ensalada de garbanzos
con bacalao y aceitunas

Pela y pica la cebolla y el ajo. A continuación lava, limpia y corta en dados pequeños el pimiento verde.

Rehoga la cebolla 10 minutos en 2 cucharadas de aceite. Añade el ajo y el pimiento, y sofríe 2 minutos. Incorpora los garbanzos (que antes habrás enjuagado y escurrido), salpimienta y prosigue la cocción 2 minutos más. Retíralo todo y reserva en una ensaladera.

Cuece los huevos en agua con sal durante 10 minutos. Transcurrido este tiempo, refréscalos en agua fría, pélalos y pícalos.

Haz una vinagreta mezclando 4 cucharadas de aceite con 1 de vinagre, sal y pimienta. Lava el tomate, pártelo por la mitad y rállalo. Incorpóralo al mismo tiempo que el orégano y el perejil.

Enjuaga y escurre el bacalao. Corta en rodajas 2 cucharadas de aceitunas negras. Añádelo todo a la ensaladera, espolvorea con el huevo picado y aliña con la vinagreta que acabas de preparar.

INGREDIENTES

- 300 g de garbanzos cocidos
- 1 cebolla
- 1 diente de ajo
- 1 pimiento verde
- 75 g de migas de bacalao desaladas
- 1 tomate
- Aceitunas negras
- 2 huevos
- 1 cucharada de perejil picado
- 1 pizca de orégano
- Aceite de oliva
- Vinagre de Jerez
- Sal
- Pimienta

Tiempo: 25 minutos
Raciones: 4 personas
Dificultad: Baja
Nivel calórico: 210 kcal

El truco

Para sumar intensidad al plato agrega, en el último momento, unos encurtidos variados (pepinillos, alcaparras, cebolletas...) bien picaditos. Si lo haces, modérate con la sal.

La receta
Calamares guisados
con habitas verdes

Lava las habas, cuécelas 8 minutos en abundante agua y escúrrelas. Pica el jamón serrano y saltéalo unos segundos en una sartén antiadherente con unas gotas de aceite. Retíralo y reserva.

Pela y pica la cebolla y los ajos. Añade un poco de aceite de oliva a la misma sartén en la que has cocinado el jamón y sofríelos hasta que la cebolla esté translúcida.

Espolvorea con el pimentón, remueve y, enseguida, riega con el vino. Deja evaporar 1 minuto e incorpora las habas y el jamón serrano. Salpimienta ligeramente y prosigue la cocción 2 minutos más. Si se seca, añade un poco de agua.

Lava los calamares, escúrrelos y córtalos en tiras. Saltéalos 2 minutos en una sartén con unas gotas de aceite y ajusta de sal. Añádelos a la mezcla de habas y sirve enseguida, bien caliente.

INGREDIENTES

- 500 g de habas frescas desgranadas
- 350 g de tubo de calamar
- 80 g de jamón serrano
- 1 cebolla
- 2 dientes de ajo
- 1 vasito de vino blanco seco
- 1 cucharadita de pimentón
- Aceite de oliva
- Sal
- Pimienta

Tiempo: 25 minutos
Raciones: 4 personas
Dificultad: Baja
Nivel calórico: 145 kcal

El truco

Las recetas que llevan jamón curado deben sazonarse con mucho cuidado porque este ya aporta bastante sal. Tenlo en cuenta a la hora de elaborar el plato.

La receta
Potaje ligero
con castañas

Deja las legumbres y las castañas en remojo con agua y sal la noche anterior a preparar el potaje.

Pela y trocea la cebolla. Rehógala en una olla con una cucharada de aceite y la hoja de laurel durante un par de minutos.

Escurre las legumbres e introdúcelas en la olla. Luego, cubre con agua fría, sala y deja hervir a fuego muy lento durante 1 hora y media. A media cocción, añade las castañas.

Pela los ajos, pícalos y sofríelos en una sartén con dos cucharadas de aceite. Antes de que se doren, añade la harina y rehoga ligeramente. Incorpora el tomillo y una pizca de pimienta y comino.

Agrega el sofrito cuando el potaje esté casi a punto y deja cocer unos minutos. Espolvorea el perejil justo antes de servir.

INGREDIENTES

- 200 g de alubias blancas
- 200 g de garbanzos
- 12 castañas pilongas
- 1 cebolla
- 1 hoja de laurel
- 2 dientes de ajo
- 1/2 cucharada de harina
- 1 cucharadita de tomillo picado
- 1 cucharadita de perejil picado
- Aceite de oliva
- Comino
- Sal
- Pimienta

Tiempo: 90 minutos
Raciones: 4 personas
Dificultad: Baja
Nivel calórico: 390 kcal

El truco

Cuando falte aproximadamente media hora de cocción, añade unos trocitos de boniato. Su sabor dulzón combina muy bien con las legumbres.

Apuesta por él

Huevo, un alimento muy completo

Su fama de poco saludable le ha perseguido durante décadas, pero por fortuna, cada vez son más los estudios que desmontan este falso mito y que avalan sus virtudes como alimento rico en proteínas de gran calidad.

Seguramente habrás oído decir alguna vez la típica frase: "no comas muchos huevos que tienen colesterol". Esta idea hizo que, en décadas pasadas, se redujera su consumo y algunos lo añadieran a la lista de "alimentos a evitar".

El huevo contiene colesterol, sí, pero parece ser que a nuestro organismo le es difícil asimilarlo y acaba aprovechando muy poco. ¿El motivo? Los fosfolípidos que contiene este alimento dificultan la absorción del colesterol a través del intestino. Así lo aseguran desde el Instituto de Estudios del Huevo.

VERSÁTIL Y NUTRITIVO

Otro falso mito con el que han tenido que luchar los defensores del huevo es con la idea de que engorda mucho. Esto, como ocurre con otros ingredientes, se debe más a la forma de prepararlo y acompañarlo que al propio alimento. Ten en cuenta que un huevo mediano contiene solo 70 kcal, más o menos las mismas que las de una manzana. Pero si lo cocinas frito, con abundante aceite, y lo acompañas con chorizo, beicon o patatas fritas, está claro que las calorías y las grasas del plato se disparan.

● **Cómo aligerarlo.** Elige una sartén antiadherente para cocinarlo. Necesitarás tan solo unas gotas de aceite de oliva para hacerlo a la plancha. También puedes prepararlo pochado, cocido, en tortilla o revoltillos… las opciones para saborearlo son muchas.

● **Fíjate en el código.** El primer dígito del código que aparece impreso en la cáscara indica cómo se han criado las gallinas. Si es un 3, lo han hecho en jaulas, un 2 indica que se han criado en el suelo, un 1 que las gallinas son camperas (con corrales al aire libre) y un 0 indica que el huevo es ecológico.

● **Sus virtudes.** Aporta proteínas de gran calidad, que el organismo asimila muy bien, omega 3, vitaminas y minerales. Por todo ello se recomienda tomar hasta cuatro huevos a la semana.

sabías que...

Si tienes dudas sobre si un huevo está fresco o no, prueba lo siguiente: sumérgelo en un bol con agua y, si el huevo se hunde, puedes comerlo sin problemas. Pero si flota es mejor que no lo consumas.

La receta
Pisto de verduras
con huevo de codorniz

Lava y seca bien las hortalizas. Corta el calabacín y la berenjena en dados pequeños, y los pimientos en cuadraditos. Pica entonces la cebolla y los 4 dientes de ajo.

Calienta 3 cucharadas de aceite de oliva en una sartén. Rehoga la cebolla hasta que esté transparente. Añade los pimientos y sofríe unos minutos. Incorpora el ajo, la berenjena y el calabacín.

Tapa y rehoga a fuego lento durante 10 minutos. Ralla los tomates y agrégalos al sofrito. Salpimienta y cocina durante unos 15 minutos a fuego lento. Retira y deja enfriar.

Corta la pasta brick en 12 cuadrados de unos 10 centímetros. Con un pincel, úntalos con aceite y superpón 3 cuadrados en flaneras individuales. Hornea 10 minutos a 160° C, o hasta que estén dorados. Mientras tanto, fríe los huevos de codorniz.

Monta las tulipas colocando dos cucharadas de pisto en cada una y corona con un huevo de codorniz frito.

INGREDIENTES

- 2 calabacines
- 1 pimiento verde
- 1 pimiento rojo
- 1 berenjena
- 2 tomates maduros
- 1 cebolla
- 4 dientes de ajo
- 4 láminas de pasta brick
- 4 huevos de codorniz
- Aceite de oliva
- Sal
- Pimienta

Tiempo: 45 minutos
Raciones: 4 personas
Dificultad: Media
Nivel calórico: 220 kcal

El truco

Para cascar los huevos de codorniz pínchalos por la parte más ancha y ve cortando la cáscara poco a poco, como dibujando un sombrero. Ábrelos y vacía en la sartén.

La receta

Tortilla de la huerta
con espárragos

En un bol grande, bate los huevos, la nata líquida, el cebollino picado, pimienta blanca molida y una pizca de sal. Reserva.

Lava los espárragos verdes con cuidado y córtales parte del tallo (no más de 3 centímetros). Pela el resto del espárrago para retirar bien las hebras y trocéalo. Reserva cuatro puntas enteras.

Pela, lava y corta las patatas en láminas finas. Pela y pica también la cebolleta y los 4 dientes de ajo.

Sofríe el ajo picado y, cuando empiece a dorarse, incorpora los espárragos troceados y las puntas, las patatas y la cebolleta. Mantén a fuego medio 10 minutos. Retira las puntas de espárrago y mezcla el resto con el revuelto de huevos y cebollino que tenías reservado.

En una sartén mediana con aceite, cuaja la mezcla hasta obtener la tortilla. Córtala en porciones individuales y decora con las puntas de espárragos partidas por la mitad.

INGREDIENTES

- 6 huevos
- 1 manojo de espárragos verdes
- 2 patatas
- 1 cebolleta
- 4 dientes de ajo
- 1 manojo de cebollino
- 3 cucharadas de nata líquida
- Aceite de oliva
- Sal
- Pimienta blanca molida

Tiempo: 30 minutos
Raciones: 4 personas
Dificultad: Baja
Nivel calórico: 336 kcal

El truco

Incorpora un poco de nata líquida ligera o de leche a la hora de preparar las tortillas: el resultado final será más jugoso y esponjoso.

La receta
Pimientos rellenos
con huevo y bonito

Cuece los huevos aproximadamente 11 minutos en un cazo. Mientras esperas, pela y pica finamente la cebolla.

Calienta una cucharada de aceite y sofríe la cebolla hasta que empiece a dorarse. Agrega los tomates rallados y sofríe a fuego lento unos 10 minutos más. Apaga y reserva.

Pela y trocea los huevos. Una vez este tibia la salsa, incorpora el huevo picado, el bonito y las alcaparras. Rectifica de sal y reserva.

Extiende los pimientos del piquillo sobre una hoja de papel absorbente para que escurra el exceso de agua. Después, rellénalos con la mezcla anterior. Utiliza una cucharilla de café y hazlo con cuidado para no romper los pimientos.

Colócalos en una bandeja y hornea unos 5 minutos a 160° C para que cojan algo de temperatura. Sírvelos inmediatamente.

INGREDIENTES

- 12 pimientos del piquillo
- 200 g de bonito en conserva escurrido.
- 2 huevos
- 1 cebolla
- 4 tomates maduros
- 1 cucharada de alcaparras
- Aceite de oliva
- Sal

Tiempo: 30 minutos
Raciones: 4 personas
Dificultad: Baja
Nivel calórico: 330 kcal

El truco

Estos pimientos también te quedarán buenísimos si los cubres con una bechamel ligera y una pizca de queso rallado y les das un toque de grill.

La receta
Rollitos de tortilla,
queso fresco y pavo

Casca los huevos, salpiméntalos y bátelos bien. Calienta un poco de aceite en una sartén antiadherente ancha.

Incorpora la mitad del huevo batido y cuaja tortillas muy finas (tipo crepe) por ambos lados. Repite la operación con la otra mitad.

Mezcla el queso de untar con un poco de perejil picado muy fino. Dispón sobre cada crepe una loncha de pavo y una capa de queso con perejil y enróllalas con cuidado.

Corta los rollitos de tortilla en discos de aproximadamente un dedo de grosor y ensártalos en una brocheta o un mondadientes.

Sirve sobre un lecho de canónigos, que habrás aliñado previamente con un chorrito de aceite de oliva.

INGREDIENTES

- 6 huevos
- 4 lonchas de pechuga de pavo cocida
- 1 tarrina de queso fresco ligero para untar
- 150 g de canónigos
- Perejil
- Aceite de oliva
- Sal
- Pimienta

Tiempo: 25 minutos
Raciones: 4 personas
Dificultad: Baja
Nivel calórico: 250 kcal

El truco
Esta receta admite muchos tipos de relleno: quesos más intensos como el roquefort, champiñones laminados, jamón ibérico, fiambre de pollo, atún...

La receta

Pastel salado
con huevos a la plancha

Lava y corta las judías verdes en tiras. Hiérvelas aproximadamente 10 minutos, escurre y refresca la verdura bajo un chorro de agua para evitar que se cocinen más de la cuenta. Reserva.

Cuece el puerro y las patatas troceados, pelados y lavados hasta que estén tiernos. Escurre, pasa por el pasapurés y aderéza con perejil picado, aceite de oliva, pimienta y sal. Reserva.

Cocina los huevos a la plancha y, cuando estén bien cuajados, retíralos del fuego y reserva.

Dentro de un molde circular pon una capa de judías verdes, una del puré de patata y puerro y otra de pimientos asados. Corona con uno de los huevos a la plancha que acabas de preparar.

Presenta el plato acompañando el pastel salado con unas cuantas judías y pimientos alrededor, para dar un toque de color.

INGREDIENTES

- 2 pimientos rojos asados
- 400 g de judías verdes
- 4 patatas grandes
- 1 puerro
- 4 huevos
- Perejil
- Aceite de oliva
- Sal
- Pimienta blanca molida

Tiempo: 30 minutos
Raciones: 4 personas
Dificultad: Baja
Nivel calórico: 388 kcal

El truco

Para evitar que los huevos se adhieran a la plancha, puedes cocinarlos con cuidado sobre un trozo de papel de horno colocado sobre la misma sartén.

La receta
Tortillitas de patatas
con cebolla al horno

Forra 4 moldes redondos pequeños con papel para horno y engrásalos con 1 cucharada de aceite de oliva.

Pela la cebolla y el ajo, rállalos y ponlos en un cuenco. Pela y lava las patatas; sécalas con papel de cocina absorbente, rállalas finas y añádelas a los anteriores ingredientes.

Casca los huevos y bátelos ligeramente con unas varillas. Incorpóralos a la preparación anterior, salpimienta y mezcla bien. Reparte la mezcla en los moldecitos y cuece 30 minutos, en el horno precalentado a 175° C, hasta que las tortillitas cuajen.

Despunta el calabacín y pela las zanahorias. Lava, seca y corta ambas hortalizas en juliana fina, por separado. Saltea las zanahorias en una sartén con 1 cucharada de aceite. Pasados 2 minutos, incorpora el calabacín, cuece 2 o 3 minutos más y salpimienta.

Desmolda las tortillitas y sirve, con las verduras por encima. Decora con el tomillo lavado y seco.

INGREDIENTES

- 600 g de patatas nuevas
- 4 huevos
- 1 cebolla
- 1 diente de ajo
- 2 zanahorias
- 1 calabacín
- 1 ramita de tomillo
- Aceite de oliva
- Sal
- Pimienta

Tiempo: 30 minutos
Raciones: 4 personas
Dificultad: Baja
Nivel calórico: 280 kcal

El truco

Para darle un toque oriental al plato añade media taza de brotes de soja mientras cocinas las zanahorias y el calabacín, poco antes de retirar las verduras del fuego.

La receta

Huevos rellenos
a la boloñesa

Cuece los huevos en agua con sal y vinagre durante 11 minutos, pélalos y resérvalos. Aparte, sofríe en una sartén el ajo, la cebolla y las zanahorias picadas finamente.

Mantén a fuego medio las verduras durante 10 minutos y, a continuación, agrega la carne picada, el laurel y el tomillo. Una vez dorada la carne, incorpora medio vaso de vino tinto y déjalo hervir aproximadamente 5 minutos.

Pela y trocea los tomates, añádelos al sofrito, cuece todo durante 15 minutos y sazona. Parte los huevos por la mitad y separa las yemas. Agrégalas a la salsa boloñesa y mezcla.

Forma bolitas con la masa y rellena los huevos con ellas. Espolvorea por encima con un poco de queso rallado y gratínalos durante 5 minutos al grill. Sírvelos calientes. Decora con unas hojas de mezcla para ensaladas como guarnición.

INGREDIENTES

- 4 huevos
- 400 g de carne picada
- 1 cebolla
- Ajo
- 2 zanahorias
- Vino tinto
- 5 tomates
- Tomillo
- Laurel
- Queso rallado
- Hojas de ensalada
- Aceite de oliva
- Sal
- Vinagre

Tiempo: 40 minutos
Raciones: 4 personas
Dificultad: Baja
Nivel calórico: 398 kcal

El truco

No cuezas más de 12 minutos los huevos. Este es el secreto para que la yema quede con un color más intenso, atractivo y apetitoso.

La receta
Timbal de patata
y champiñón con huevo

Pela las patatas, lávalas y córtalas en dados. Cuécelas en agua con sal durante 15-20 minutos, hasta que estén tiernas. Escurre.

Limpia y lava los champiñones. Corta dos en láminas y pica el resto. Saltéalo todo durante 5 minutos en 3 cucharadas de aceite. Agrega el ajo picado, prosigue la cocción 1 minuto y retira. Corta entonces la butifarra en rodajas, quita la piel, trocea y fríela en una sartén con unas gotas de aceite de oliva.

Corta un trozo de film transparente de 15 x 15 centímetros, forra con él un cuenco pequeño o una taza y casca un huevo en el interior. Ciérralo juntando los extremos y sujeta con hilo de cocina formando un saquito. Introdúcelo en agua hirviendo y cuece 4 minutos. Repite la operación con los demás huevos.

Aplasta las patatas hasta obtener un puré. Pon 4 aros de repostería untados en un poco de aceite en 4 platos. Dispón una capa de puré, una de champiñón picado y una más de puré. Retira los aros.

Quita el film al huevo, ponlo encima de la capa superior de puré, salpimienta y añade la butifarra y las láminas de champiñón.

INGREDIENTES

- 4 patatas grandes
- 200 g de champiñones
- 4 huevos
- 100 g de butifarra blanca
- 1 diente de ajo
- Aceite de oliva
- Sal
- Pimienta

Tiempo: 35 minutos
Raciones: 4 personas
Dificultad: Media
Nivel calórico: 345 kcal

El truco

En vez de butifarra blanca puedes utilizar un poco de jamón serrano pasado ligeramente por la plancha. Su sabor casa muy bien con el resto de ingredientes.

La receta
Tortillas rellenas
de berenjena y pimientos

Lava y seca la berenjena. Córtala en rodajas de aproximadamente 1/2 centímetro, salpimiéntala y hazla a la plancha, engrasada con un poco de aceite, 1 o 2 minutos por cada lado.

Escurre los pimientos y córtalos en tiras. Saltéalos en unas gotas de aceite de oliva durante más o menos 1 minuto. Añade un poco de perejil picado, mezcla bien y reserva.

Bate los huevos con sal y pimienta. Calienta unas gotas de aceite y cuaja una parte de la preparación anterior durante 1 o 2 minutos. Dale la vuelta y deja cocer 1 minuto más. Repite la operación hasta terminar con el resto del huevo batido.

Pon en el centro de las tortillas unas rodajas de berenjenas y unos pimientos, y dóblalas como si fueran una crepe. Sírvelas con un poco de rúcula como guarnición.

INGREDIENTES

- 6 huevos
- 1 berenjena
- 1 bote de pimientos asados
- 50 g de rúcula
- Perejil picado
- Aceite de oliva
- Sal
- Pimienta

Tiempo: 35 minutos
Raciones: 4 personas
Dificultad: Baja
Nivel calórico: 210 kcal

El truco

En lugar de tortillas puedes hacer un revuelto. Mezcla los huevos con la berenjena cortada en dados y salteada y los pimientos troceados.

Corazón a salvo

Pescados, del mar a la mesa

A la plancha, en guisos, al horno, en papillote, como ingrediente en pasteles salados… inclúyelos en tus menús y, además de disfrutar de su sabor, podrás beneficiarte de sus propiedades para la salud, que no son pocas.

El poco tiempo del que solemos disponer a diario para cocinar puede provocar que prescindas del pescado más a menudo de lo que te conviene. Pero existen algunas fórmulas para ponértelo más fácil: pedir en la pescadería que te lo limpien y lo corten en filetes, eliminando las espinas, es una de ellas. Así podrás prepararlo en un momento, beneficiándote de las propiedades para la salud que tiene alcanzar las dosis recomendadas de pescados y mariscos (entre 3 y 4 raciones a la semana).

¿POR QUÉ ES TAN SALUDABLE?

Buena parte de sus virtudes recaen en su alto contenido en ácidos grasos omega 3, un nutriente que el organismo no puede fabricar por sí solo y que tiene muchos beneficios para la salud.

● **Bueno para el corazón.** Los omega 3 reducen la presión arterial y los niveles de colesterol "malo" (LDL) y triglicéridos. También tienen una acción antiinflamatoria y anticoagulante. Todo esto hace del pescado, sobre todo el azul, un alimento muy cardiosaludable. El blanco y los mariscos aportan este tipo de grasa en menor cantidad, lo que los convierte en una alternativa más ligera.

● **Menos riesgo de diabetes.** Según un estudio español publicado en *Nutrición Hospitalaria*, el consumo habitual de pescado se asocia con una menor concentración de glucosa en sangre, lo que reduce las posibilidades de sufrir diabetes en el futuro. Sus autores apuntan que los omega 3 podrían mejorar la sensibilidad del organismo a la insulina.

● **Protección frente al cáncer de mama.** Tomar una o dos raciones de pescado azul a la semana disminuye el riesgo de desarrollar este tipo de tumor, concluye un informe publicado en el *British Medical Journal*.

Además de sus saludables ácidos grasos, pescados y mariscos aportan vitamina D y minerales como el magnesio, el hierro, el zinc, el yodo y el potasio.

sabías que…

La forma de la cola del pescado puede ayudarte a distinguir si es blanco o azul. Si es recta (como en la merluza o el rape) suele indicar que es blanco. Y si tiene forma de flecha (como en las sardinas), es azul.

La receta

Sepias al pesto
con tomates

Limpia las sepias quitando todo su interior y retirando la parte de la cabeza. Sécalas bien con papel de cocina y reserva.

Dispón en una jarra de batidora 2 cucharadas de aceite de oliva, la albahaca, el perejil, el diente de ajo pelado y los piñones. Tritura hasta obtener una pasta espesa.

Pon un poquito de aceite de oliva en una sartén antiadherente y, cuando esté bien caliente, incorpora las sepias en ella. Procura que queden bien hechas por ambos lados.

Agrega los tomates cherry cuando la sepia esté algo dorada. Rehógalos un par de minutos, añade el pesto y saltea un minuto más para que la sepia coja todo el sabor.

Sazona con sal y pimienta. Sirve caliente en un plato hondo y decora con una ramita de albahaca fresca.

INGREDIENTES

- 12 sepias pequeñas
- 20 tomates cherry
- 1 manojo de albahaca
- 1 diente de ajo
- 1 ramillete de perejil
- 20 g de piñones
- Aceite de oliva
- Una pizca de sal
- Pimienta

Tiempo: 30 minutos
Raciones: 4 personas
Dificultad: Baja
Nivel calórico: 300 kcal

El truco

Si añades un chorrito de brandy a la sartén en el momento de incorporar los tomates cherry, la sepia quedará más tierna y sabrosa.

La receta
Rollitos de lenguado
al limón con patatas

Retira la piel de los lenguados y sepáralos en filetes. Salpiméntalos y espolvoréalos con unas hojitas de tomillo. Enróllalos y atraviésalos con palillos para sujetarlos.

Pela las patatas y córtalas en rodajas. Corta un limón en rodajas finas y extrae el zumo del otro.

Coloca las rodajas de patata en una bandeja de horno y altérnalas con las de limón. Agrega sal, pimienta, tres cucharadas de aceite de oliva y tomillo y hornea durante 30 minutos a 180º C.

Añade los rollitos de lenguado, rocía con el zumo de limón y hornea 10 minutos más. Retira los palillos.

Pon la patata y el limón en la base del plato y corona la presentación con los rollitos de lenguado en el centro y una ramita de tomillo previamente lavada. Sirve caliente.

INGREDIENTES

- 4 lenguados de ración
- 600 g de patatas
- 2 limones
- Tomillo
- Aceite de oliva
- Sal
- Pimienta

Tiempo: 50 minutos
Raciones: 4 personas
Dificultad: Baja
Nivel calórico: 267 kcal

El truco
Añade medio vaso de agua caliente a la bandeja de patatas a media cocción. De esta forma tan sencilla contribuirás a que queden más jugosas.

La receta
Pastel de bacalao
y merluza con pimientos

Pela y pica finamente las cebollas y los puerros. Rehógalos a continuación en una sartén antiadherente con un poco de aceite de oliva hasta que queden tiernos.

Incorpora el pescado limpio de espinas y cocina 10 minutos a fuego medio. Agrega la salsa de tomate y sazona con sal y orégano.

Retira el sofrito de pescado del fuego y tritura, incorporando los 4 huevos y los 2 vasos de leche.

Rellena un molde rectangular apto para horno con la mezcla obtenida y hornea al baño María durante 35 minutos a 180° C.

Corta en porciones y sirve acompañado del pimiento rojo asado en tiras, las aceitunas cortadas en láminas y unas hojitas de perejil.

INGREDIENTES

- 500 g de merluza
- 3 filetes de bacalao fresco
- 2 cebollas
- 2 puerros
- 2 vasos de leche
- 4 huevos
- Salsa de tomate
- 1 pimiento rojo asado
- Aceitunas negras sin hueso
- Perejil
- Orégano
- Aceite de oliva
- Sal

Tiempo: 60 minutos
Raciones: 4 personas
Dificultad: Media
Nivel calórico: 450 kcal

El truco

Prepara el plato unas cuantas horas antes para que repose el pastel y coja más cuerpo. También puedes servirlo en forma de pincho sobre tostadas de pan.

La receta
Pulpo con lecho
de patata al vino tinto

Lava el pulpo y limpia bien el interior. Colócalo en una bandeja de horno con el vino tinto, un poco de aceite de oliva, las hojas de laurel, pimienta en grano y sal.

Limpia y corta la cebolla en juliana. Incorpóralo a la bandeja de horno y hornea a 200° C durante 45 minutos.

Cuece las patatas sin pelar en una olla con abundante agua y una pizca de sal durante 30 minutos. Cuando estén tiernas déjalas enfriar, retira la piel y córtalas en rodajas.

Coloca una capa de patata que cubra totalmente la base de los platos en los que vas a servir la receta.

Dispón el pulpo troceado con la cebolla y las hojas de laurel encima de la patata y aliña con 1 cucharadita de aceite en crudo.

INGREDIENTES

- 1 pulpo mediano
- 4 patatas medianas
- 3 cebollas rojas
- 1/2 vaso de vino tinto
- 3 hojas de laurel
- Aceite de oliva
- Sal
- Pimienta en grano

Tiempo: 40 minutos
Raciones: 4 personas
Dificultad: Baja
Nivel calórico: 290 kcal

El truco

Ten en cuenta que, si lo haces en el horno, el tiempo medio de cocción del pulpo es de una hora aproximadamente por cada kilo de peso.

La receta

Cazuelita de pescado
con salsa de avellanas

Pela las patatas, lávalas y córtalas en rodajas. A continuación pela también la cebolla y pícala finamente.

Calienta 4 cucharadas de aceite de oliva en una sartén antiadherente e incorpora la cebolla picada. **Sofríe 10 minutos.**

Agrega y dora las patatas. Vierte el caldo de pescado, que previamente habrás calentado. Salpimienta y cuece 15 minutos.

Deja la ñora en remojo con agua caliente. Retira la pulpa y tritúrala con las avellanas peladas, el ajo también pelado, un poco de perejil, el pan, el azafrán y el vino blanco.

Lava y seca el pescado y ponlo sobre las patatas. Sazónalo, cubre con la salsita de avellanas que acabas de preparar y prosigue la cocción durante unos 3 o 4 minutos.

Sirve cada ración en un bol amplio, colocando las patatas en la base y una rodaja de pescado por encima. Corona con una cucharadita de la picada y unas hojas de perejil.

INGREDIENTES

- 700 g de pescado blanco en rodajas (merluza, congrio...)
- 2 patatas
- 1 cebolla
- 50 g de pan seco
- 800 ml de caldo de pescado
- Perejil
- 20 g de avellanas tostadas
- 1 diente de ajo
- Unas hebras de azafrán
- 1 ñora
- 1 vasito de vino blanco
- Aceite de oliva
- Sal
- Pimienta

Tiempo: 40 minutos
Raciones: 4 personas
Dificultad: Media
Nivel calórico: 360 kcal

El truco

Si quieres darle un toque exótico al plato incorpora a la picada otros frutos secos como por ejemplo pistachos, cacahuetes o anacardos.

La receta
Gambas al horno
con tomatitos

Pela las gambas y déjales la cabeza. Pela la cebolla y el ajo. Corta la cebolla en juliana y el ajo en láminas.

Calienta unas gotas de aceite en una sartén antiadherente y saltea la cebolla y el ajo durante unos 4 minutos.

Lava y corta los tomatitos por la mitad. Incorpóralos a la sartén y saltéalos brevemente a fuego fuerte. Salpimienta.

Dispón la cebolla y los tomates en una bandeja de horno y coloca encima las gambas peladas. Añade una pizca de sal y pimienta.

Precalienta el horno a 200° C y cuece las gambas durante unos 8 minutos. A media cocción, vierte el vino blanco.

Sirve las gambas en un plato llano con unas hojitas de estragón y unas tiras de piel de limón como toque final.

INGREDIENTES

- 800 g de gambas
- 600 g de tomatitos
- 2 dientes de ajo
- 1 vasito de vino blanco
- 1 cebolla
- Unas hojitas de estragón fresco
- 1 limón (la piel)
- Aceite de oliva
- Sal
- Pimienta

Tiempo: 25 minutos
Raciones: 4 personas
Dificultad: Baja
Nivel calórico: 214 kcal

El truco

Para saber si las gambas están frescas, fíjate en su cabeza: debe estar translúcida por ambos lados y tener un aspecto brillante.

La receta
Caballa fileteada
en papillote

Limpia las caballas y córtalas en filetes. O, si lo prefieres, pide que te las limpien y fileteen en la pescadería.

Lava la zanahoria, los puerros, la chirivía, la remolacha y el calabacín bajo un chorro de agua. Seca bien todas las verduras, pélalas y córtalas en juliana fina.

Reparte las verduras y el pescado sobre cuatro trozos cuadrados de papel para hornear untados con un hilo de aceite de oliva.

Salpimienta y riega con la copita de vino blanco, cubre con más papel y dobla los bordes, presionando para que los paquetitos queden cerrados de forma hermética.

Introduce en el horno, precalentado a 180° C, durante 15 minutos. Retira el papel de hornear y sirve bien caliente, con las verduras en juliana como base y los filetes de caballa por encima.

INGREDIENTES

- 4 caballas de ración
- 1 zanahoria
- 2 puerros
- 1 chirivía
- 1 remolacha
- 1 calabacín
- 1 copita de vino blanco
- Aceite de oliva
- Sal
- Pimienta

Tiempo: 35 minutos
Raciones: 4 personas
Dificultad: Baja
Nivel calórico: 472 kcal

El truco
Añade una hoja de laurel al papillote y enriquecerás la receta con su sabor y aroma. Después puedes aprovecharla en la presentación del plato.

La receta
Albóndigas de mar,
alcaparras y guisantes

Limpia el salmón y el gallo retirando la piel y las espinas. A continuación corta, con un cuchillo bien afilado, el pescado en dados pequeños y mézclalos en un recipiente con el huevo (que habrás batido previamente), las alcaparras y el puré de patata.

Amásalo todo bien hasta que la mezcla esté compacta. Añade una pizca de sal y forma las albóndigas usando un poco de harina para acabar de compactar la masa.

Coloca las albóndigas de pescado en una bandeja apta para horno y hornéalas durante 8 minutos a 180° C.

Limpia y pica la cebolla y el puerro. Agrégalos a una olla con un poco de aceite de oliva, riega con el vino blanco y sazona.

Cuece 15 minutos a fuego medio e incorpora las albóndigas y los guisantes. Da un ligero hervor y sirve.

INGREDIENTES

- 600 g de pescado (salmón y gallo)
- 20 g de alcaparras
- 1 cebolla
- 20 g de puré de patata
- 1 puerro
- 1 huevo
- 1 vaso de vino blanco
- 200 g de guisantes
- Harina
- Aceite de oliva
- Sal

Tiempo: 60 minutos
Raciones: 4 personas
Dificultad: Media
Nivel calórico: 376 kcal

El truco

Si quieres que el plato quede más jugoso puedes añadir 4 tomates picados a la cebolla y el puerro, triturar la salsa y agregar las albóndigas y los guisantes.

La receta
Supremas de salmón
a la mostaza

Compra las supremas limpias. Reparte el salmón sobre una bandeja engrasada con aceite y pinta cada suprema con una cucharadita de mostaza. Luego riega con el vino blanco y hornea durante 8 minutos a 180º C.

Rehoga el puerro. Cuando esté tierno añade una cucharada de harina y el jugo del asado. Cuece unos 4 minutos para acabar de evaporar el alcohol y añade los 2 vasos de leche. Sazona, tritura con la batidora, cuela y reserva.

Lava y corta los tomates a cuartos. Corta en dados las zanahorias y las cebollas, previamente peladas. A continuación, saltea todos los ingredientes hasta que queden algo dorados.

Sirve el salmón bien caliente. Acompaña con la salsa de puerro y decora con las verduritas salteadas. Si quieres dar más color, coloca unas ramitas de cebollino por encima.

INGREDIENTES

- 4 supremas de salmón
- 300 g de tomates
- 300 g de zanahorias
- 1/2 vaso de vino blanco
- 2 vasos de leche
- 1 puerro
- 4 cebollas
- Mostaza
- Harina
- Aceite de oliva
- Sal

Tiempo: 30 minutos
Raciones: 4 personas
Dificultad: Baja
Nivel calórico: 396 kcal

El truco

No te excedas en el tiempo de asado de las supremas de salmón: si lo haces se pueden deshidratar y quedar secas o muy fibrosas.

La receta
Filetes de dorada
con aceitunas negras

Mezcla las aceitunas en un bol con unas hojas de romero lavadas, el diente de ajo aplastado y un chorrito de aceite, y déjalas macerar 12 horas. Luego retíralas, deshuésalas y tritúralas en la batidora con las alcaparras y la anchoa limpia de espinas.

Pela y lava las patatas. Córtalas en dados y cuécelas en abundante agua salada con unas hojas de romero, durante 15 o 20 minutos, hasta que estén muy tiernas.

Escúrrelas y pásalas por la batidora con la leche y un poco de mantequilla ligera, hasta que quede un puré espeso. Añade pimienta y nuez moscada. Ajusta de sal si es necesario y reserva al calor.

Lava y seca los filetes de pescado con papel de cocina. Ponlos en una fuente de horno, salpimienta por un lado y cubrirlos por el otro con la tapenade de aceitunas.

Ásalos en el horno precalentado a 180° C durante 7-8 minutos. Sirve los filetes acompañados del puré de patata y decorados con unas hojitas de tomillo y romero lavadas y secas.

INGREDIENTES

- 480 g de filetes de dorada sin piel
- 1 filete de anchoa en aceite
- 1/2 diente de ajo
- 150 g de aceitunas negras
- 1 cucharadita de alcaparras
- 4 patatas
- 100 ml de leche desnatada
- Mantequilla ligera
- Aceite de oliva
- 1 pizca de nuez moscada
- Romero y tomillo
- Sal y pimienta

Tiempo: 30 minutos + maceración
Raciones: 4 personas
Dificultad: Media
Nivel calórico: 490 kcal

El truco

Si quieres que la salsa tapenade te quede más suave, puedes prepararla con aceitunas verdes y sustituir la anchoa por un puñadito de almendras.

La receta
Escabeche de sardinas
con zanahoria

Deja las pasas en remojo con el vino. Pela la cebolla y las zanahorias; corta la primera en juliana y la segunda, en bastoncitos.

Limpia bien las sardinas, retirando la cabeza y las vísceras. Lávalas para eliminar las escamas y sécalas.

Pasa el pescado por harina y fríelo en aceite caliente durante 1 minuto por cada lado. Deja escurrir las sardinas sobre papel absorbente y desecha el aceite de freírlas.

Calienta un poco de aceite en otra sartén y rehoga la cebolla y las zanahorias aproximadamente 8 minutos.

Agrega el vinagre, el caldo de pescado, el laurel previamente lavado, los granos de pimienta y el vino con las pasas. Sazona y prosigue la cocción 7 minutos más.

Incorpora las sardinas y cuece a fuego lento 2 minutos más. Reparte el escabeche en los platos y sirve.

INGREDIENTES

- 700 g de sardinas
- 1 cebolla
- 2 zanahorias
- 1 cucharada de uvas pasas
- 1 vaso de caldo de pescado
- 4 cucharadas de vino blanco
- Harina
- 1 hoja de laurel
- 1 vaso de vinagre
- Aceite de oliva
- Sal
- 1 cucharadita de granos de pimienta

Tiempo: 35 minutos
Raciones: 4 personas
Dificultad: Baja
Nivel calórico: 295 kcal

El truco

Puedes servir este escabeche recién hecho, caliente o, si lo prefieres, templado un día después. Acompáñalo con un poco de arroz integral.

Blancas, rojas...

Carnes, elegirlas bien es la clave

Consistentes, jugosas y con cuerpo. Así son las carnes, y pocas personas se resisten ante ellas. Además, contienen proteínas y minerales muy beneficiosos para la salud. Puedes tomar hasta 4 raciones a la semana.

Si se consume con mesura la carne es un producto saludable. Nos aporta proteínas de gran calidad y minerales como el hierro, esencial para que el oxígeno llegue a los diferentes órganos del cuerpo, o el fósforo, que juega un papel muy importante en la reparación y conservación de los tejidos.

El problema está en tomar más de la cuenta, porque las carnes suelen ser ricas en grasas saturadas. Diversos estudios han mostrado la relación de este tipo de grasas con el aumento del riesgo cardiovascular, la diabetes y ciertos tipos de cáncer.

TÓMALAS CON MEDIDA

¿Te has parado a pensar cuántas veces comes carne al día? A la plancha, en guisos, en forma de embutidos y fiambres... si lo sumas todo seguramente superarás las 3 o 4 raciones que la Sociedad Española de Nutrición Comunitaria (SENC) recomienda a la semana. Algo que les ocurre a un gran número de españoles.

● **Más de una ración al día.** Es lo que tomamos, de media, en nuestro país según datos del Estudio ENIDE. En el 36% de la ración diaria los protagonistas son la carne roja y productos procesados como las salchichas y los embutidos, más ricos en grasas saturadas, y tan solo el 31% corresponde a carnes blancas (de ave y de conejo), más ligeras y saludables.

ELIGE LAS PARTES MAGRAS

Precisamente por su contenido en grasas saturadas la Fundación Dieta Mediterránea recomienda comer, como mucho, una ración de carne roja a la semana. Y dejar el beicon, las salchichas y los embutidos para ocasiones excepcionales.

● **Fíjate bien en el corte.** Cuando vayas a comer carne roja es importante que te decantes por las partes menos grasas: el solomillo, la contra y la culata en el caso de la ternera, la pierna si preparas cordero... Antes de cocinarlas quítales la grasa visible.

sabías que...

El contenido graso de la carne de cerdo depende especialmente de la pieza que vayas a cocinar. Opta por el solomillo y la cinta de lomo. Si, además, son ibéricos, obtendrás grasa buena para el corazón.

La receta
Pechugas de pollo
al romero

Calienta 1 cucharada de aceite en un cazo y añade la cebolla pelada y picada. Cuando empiece a tomar color, vierte el vino blanco y cuece hasta que se evapore casi todo el líquido.

Lava y corta las ciruelas por la mitad y retírales el hueso. Reserva una y añade el resto de la fruta al cazo, con el caldo de verduras y 1 cucharada de azúcar moreno. Deja que todo dé un hervor.

Retira y tritura hasta obtener un puré. Si lo deseas, puedes pasar la salsa por un colador chino para eliminar posibles grumos.

Lava y seca las pechugas. Dóralas en una sartén con 3 cucharadas de aceite, 2 minutos por cada lado. Salpimienta.

Pásalas a una fuente refractaria y ásalas aproximadamente 5 minutos en el horno precalentado a 200° C.

Sírvelas con el puré y la ciruela cortada en láminas que tenías reservada. Espolvorea con un poco de romero lavado y picado.

INGREDIENTES

- 4 pechugas de pollo
- 250 g de ciruelas
- 200 ml de caldo de verduras
- 1 cebolla
- 100 ml de vino blanco
- Azúcar moreno
- Aceite de oliva
- 1 ramita de romero
- Sal
- Pimienta

Tiempo: 35 minutos
Raciones: 4 personas
Dificultad: Baja
Nivel calórico: 253 kcal

El truco

También puedes acompañar las pechugas con cebolla confitada. Cuécela en juliana a fuego fuerte y, cuando esté tostada, baja el fuego y añade miel. Deja que caramelice.

La receta

Solomillo de ternera
con salsa de vino tinto

Separa los granos de uva y lávalos bien. Si lo prefieres, también puedes pelarlos. Córtalos por la mitad y retira las pepitas.

Vierte el vino tinto en un cazo, agrega el azúcar y la canela y cuece a fuego suave durante aproximadamente 10 minutos.

Añade las uvas y cocina 5 minutos más. Comprueba la textura de la salsa (debe quedar como un jarabe). Incorpora entonces la mantequilla, mezcla bien y sala ligeramente.

Calienta una plancha o sartén, previamente untada con un poco de aceite de oliva, y cuece la carne 2 o 3 minutos por cada lado, según el punto final que desees obtener.

Dispón la carne en platos de servir calientes, salpimienta y acompaña con las uvas y un cordón de salsa de vino alrededor. Decora los platos con hojas de menta fresca.

Introduce los platos en el horno a 80° C mientras degustáis el entrante. Así conseguirás que tanto el recipiente como la carne estén calientes en el momento de servirlos.

INGREDIENTES

- 4 filetes de solomillo de ternera
- 200 g de uvas blancas o negras
- 500 ml de vino tinto de calidad
- 50 g de azúcar
- 1 ramita de canela
- 30 g de mantequilla ligera
- 4 hojitas de menta fresca
- Aceite de oliva
- Sal
- Pimienta

Tiempo: 30 minutos
Raciones: 4 personas
Dificultad: Media
Nivel calórico: 403 kcal

El truco

La salsa de vino tinto también puede utilizarse para preparar otras carnes como el solomillo de cerdo o, por qué no, incluso unas chuletas de cordero.

La receta

Conejo guisado
a la segoviana

Limpia bien el conejo, eliminando la cabeza y todas las vísceras menos el hígado, y trocéalo en varias porciones (también puedes pedir en la carnicería que te lo preparen). Lava los trozos de carne, sécalos con papel de cocina y salpimiéntalos.

Calienta 3 cucharadas de aceite de oliva en una cazuela. Mientras tanto, pela y pica la cebolla y los ajos.

Reserva el hígado del conejo y añade los trozos de carne a la cazuela. Retíralos cuando estén bien dorados.

Rehoga la cebolla picada en el mismo aceite durante aproximadamente 15 minutos. Añade el ajo, el perejil lavado y secado, el pan, la canela y el hígado del conejo partido en cuatro trozos. Agrega el vino, salpimienta y deja cocer a fuego lento 5 minutos.

Maja en el mortero la preparación anterior. Pon el conejo de nuevo en la cazuela, añade el majado y 1 vaso de agua. Tapa y cuece a fuego muy lento 25 minutos más. Sírvelo caliente.

INGREDIENTES

- 1 conejo de 1 kg troceado
- 1 cebolla grande
- 2 dientes de ajo
- 2 rebanadas de pan
- 1 vaso pequeño de vino blanco
- 1 cucharadita de canela
- 1 rama de perejil
- Aceite de oliva
- Sal
- Pimienta

Tiempo: 50 minutos
Raciones: 4 personas
Dificultad: Baja
Nivel calórico: 275 kcal

El truco

Añade 2 cucharadas de brandy al majado y potenciarás aún más el sabor de esta receta tan tradicional, apetitosa y fácil de preparar.

La receta

Escalopines de ternera
con pimientos asados

Lava los pimientos y ásalos 45 minutos en el horno precalentado a 200° C. Retíralos, tápalos y déjalos enfriar. Pélalos, córtalos en tiras y quítales las semillas con cuidado.

Pela los ajos, pártelos en láminas y rehógalos durante 1 minuto en una sartén grande con 2 cucharadas de aceite. Añade las tiras de pimiento y sofríelas 4 minutos. Salpimienta y reserva.

Coloca los escalopines entre dos hojas de papel de horno y pásales el rodillo por encima para aplanarlos bien.

Asa la carne en una plancha bien caliente engrasada con aceite de oliva durante unos 30 segundos por cada lado. Retira los escalopines de la plancha y reserva.

Incorpora el vino de Jerez a la plancha y desglasa con él los jugos que hayan quedado en el recipiente. Déjalo reducir unos instantes, riega los filetes con la mezcla y sírvelos con los pimientos.

INGREDIENTES

- 8 escalopines de ternera de unos 60 g cada uno
- 3 pimientos rojos
- 2 dientes de ajo
- 1 cucharada de vino oloroso de Jerez seco
- Aceite de oliva
- Sal
- Pimienta

Tiempo: 1 hora
Raciones: 4 personas
Dificultad: Baja
Nivel calórico: 285 kcal

El truco

También puedes servir los pimientos asados fríos, en ensalada. Si eliges esta opción alíñalos con perejil y ajo picados, sal, vinagre y un poco de aceite de oliva.

La receta
Hamburguesa de cerdo
con verduras

Humedece el pan con un poco de agua. Limpia y pica el cebollino. Limpia, pela y trocea la cebolla en dados pequeños o medianos.

Incorpora la cebolla, el cebollino y el pan a la carne picada. Salpimiéntalo todo y amasa bien la mezcla.

Lava, pela y pica las zanahorias, el pimiento y el apio. Saltea entonces las verduras con un poco de aceite de oliva hasta que queden doradas y tiernas. Sala al gusto.

Agrega las verduras salteadas a la carne. Amasa bien, forma hamburguesas y dóralas en la plancha por ambos lados.

Sirve las hamburguesas acompañadas de lechugas variadas y un poco de tomate aliñados con un chorrito de aceite.

Para dar un toque intenso a las hamburguesas también puedes servir en cada plato una cucharadita de mostaza de Dijon en grano.

INGREDIENTES

- 700 g de carne picada de cerdo
- 1/2 cebolla
- 20 g de pan
- 2 zanahorias
- Apio
- 200 g de pimiento
- Cebollino
- Aceite de oliva
- Sal
- Pimienta

Tiempo: 35 minutos
Raciones: 4 personas
Dificultad: Baja
Nivel calórico: 405 kcal

El truco

Si acompañas esta receta de unos champiñones a la plancha aumentarás su potencial diurético. Incluso puedes trocearlos y mezclarlos con la carne.

La receta

Lomo de cerdo con
salsa de pimiento verde

Pela y pica el diente de ajo. Incorpóralo a una sartén con un poco de aceite de oliva junto a los pimientos (que previamente habrás limpiado, lavado y picado). Saltea durante 5 minutos.

Añade el vino de Jerez, medio vaso de agua y 1 cucharada de azúcar y cuece unos 10 minutos. Incorpora sal y pimienta, tritura y pasa la salsa por un colador chino.

Pela la cebolla y limpia el puerro. Córtalos en juliana fina y sofríelos aproximadamente 15 minutos en una sartén con un hilo de aceite de oliva. Salpimienta y reserva.

Retira la grasa del lomo, salpiméntalo y dóralo por todos los lados en una sartén con aceite. Pásalo al horno precalentado a 200° C y acaba de cocer durante 8 minutos.

Sírvelo acompañado del sofrito de puerro y cebolla, con la salsa de pimientos en un recipiente aparte.

INGREDIENTES

- 600 g de lomo de cerdo cortado en 4 porciones
- 200 g de pimientos italianos
- 1 puerro pequeño
- 1 cebolla
- 1 diente de ajo
- Azúcar
- 1/2 vasito de vino de Jerez
- Aceite de oliva
- Sal
- Pimienta

Tiempo: 50 minutos
Raciones: 4 personas
Dificultad: Media
Nivel calórico: 520 kcal

El truco

Si lo prefieres, después de dorar el lomo en la sartén añade parte de la salsa y déjalo cocer en ella 10 minutos. Así ganará en sabor y quedará más jugoso.

La receta
Codornices
con lentejas

Lava las codornices a conciencia, sécalas con papel de cocina y sálalas ligeramente. A continuación raspa la zanahoria y córtala a dados. Pela también las cebollas y trocéalas.

Calienta un poco de aceite de oliva en un cazo y añade las codornices, la cebolla, la zanahoria y los dientes de ajo con un pequeño corte para que no exploten.

Deja que se doren los ingredientes aproximadamente 5 o 6 minutos e incorpora el tomillo y los granos de pimienta rosa. Rocía con un chorro de vinagre (utiliza aproximadamente la mitad de cantidad de vinagre que del aceite que has añadido antes al cazo).

Cuece a fuego suave las codornices y las verduras durante 15 minutos. Retira del fuego y deja que todo repose.

Mezcla la zanahoria y la cebolla con las lentejas previamente lavadas y escurridas junto con un poco del jugo del guiso. Sírvelas acompañadas de media codorniz con un poquito más de jugo.

INGREDIENTES

- 400 g de lentejas hervidas
- 2 codornices limpias y cortadas en cuartos
- 1 zanahoria
- 2 cebollas
- 4 dientes de ajo
- 1 ramita de tomillo
- 1 cucharadita de granos de pimienta rosa
- Vinagre
- Aceite de oliva
- Sal

Tiempo: 30 minutos + reposo
Raciones: 4 personas
Dificultad: Baja
Nivel calórico: 284 kcal

El truco
Dora bien las codornices antes de incorporar el vinagre y conseguirás que la carne quede más jugosa. Además, potenciarás su sabor en el resto del guiso.

La receta
Albóndigas
a la jardinera

Remoja el pan con la leche. Pela y pica la cebolla y los dientes de ajo. Pela también las zanahorias y córtalas en rodajas.

Lava las acelgas, trocea las hojas y corta los tallos en rodajas. A continuación, ralla los tomates.

Mezcla la carne picada con la mitad del ajo, el pan remojado y el huevo batido. Salpimienta y forma unas bolitas. Luego, enharina, fríe ligeramente en una cazuela con aceite de oliva y reserva.

Prepara un sofrito con el resto del ajo, la cebolla, la zanahoria, los tallos de acelga y el tomate en la misma cazuela.

Vierte dos vasos de agua, añade las albóndigas y cuece a fuego suave durante aproximadamente 20 minutos. Agrega las hojas de acelga y cuece unos 10 minutos más.

Sirve en un plato hondo, poniendo un poco del sofrito en la base. Incorpora las albóndigas y las hojas de acelga por encima.

INGREDIENTES

- 600 g de carne de ternera picada
- 1 rebanada de pan
- 40 ml de leche desnatada
- Harina
- 1 huevo
- 1 cebolla
- 2 dientes de ajo
- 2 zanahorias
- 500 g de acelgas
- 4 tomates
- Aceite de oliva
- Sal
- Pimienta

Tiempo: 50 minutos
Raciones: 4 personas
Dificultad: Baja
Nivel calórico: 530 kcal

El truco

Para conservar mejor los nutrientes de las acelgas cuélalas en una olla apta para cocinar al vapor, déjalas al dente e incorpóralas en el momento de servir el plato.

La receta
Pollo sabroso
en escabeche

Salpimienta las porciones de pollo, rebózalas en harina y pásalas por una sartén con aceite de oliva hasta que estén doradas.

Retira del fuego y coloca el pollo sobre una rejilla o papel de cocina absorbente para eliminar el exceso de aceite. Reserva.

Parte la cebolla en rodajas y haz un corte en los ajos. Sofríelos en el mismo aceite en el que has cocinado la carne e incorpora el laurel, el orégano, los granos de pimienta y los clavos. Cocina aproximadamente 8 minutos, a fuego medio.

Añade el vinagre, el vino blanco y el pollo que tenías reservado. Remueve bien los ingredientes con una cuchara de madera y deja cocer, tapado, durante 30 minutos más.

Sirve caliente o templado, repartiendo bien la cebolla escabechada entre todos los comensales. Si quieres, puedes decorar el plato con una ramita de orégano previamente lavada.

INGREDIENTES

- 1 pollo troceado
- 2 cebollas rojas
- 2 hojas de laurel
- 1 vaso de vino blanco
- 1 vaso de vinagre
- Orégano
- 2 dientes de ajo
- 6 granos de pimienta
- 6 clavos de olor
- Harina
- Aceite de oliva
- Sal

Tiempo: 60 minutos
Raciones: 4 personas
Dificultad: Baja
Nivel calórico: 418 kcal

El truco

El escabeche se usa desde hace siglos para conservar carnes y pescados. Queda más sabroso si el plato se prepara el día antes y se deja reposar en la nevera.

La receta
Pavo estofado
con patata y zanahoria

Salpimienta el pavo y sofríelo a fuego fuerte en una cazuela amplia con dos cucharadas de aceite de oliva.

Pela y pica la cebolla mientras se cocina el pavo. Pela también la zanahoria y córtala en rodajas. Tornea las patatas con un cuchillo pequeño, dejándolas todas más o menos del mismo tamaño.

Cuando el pavo esté bien doradito retíralo y, en la misma cazuela, incorpora la hoja de laurel, la pimienta en grano, la cebolla picada y la zanahoria troceada.

Añade el tomate rallado previamente cuando la cebolla se empiece a dorar. Sofríe durante unos 4 minutos.

Incorpora el pavo, las patatas y la copa de vino blanco. Una vez haya reducido el vino cubre con 1 litro de agua, agrega un poco de sal y cuece 25 minutos a fuego lento.

INGREDIENTES

- 4 muslos de pavo troceados y deshuesados
- 2 cebollas
- 2 zanahorias
- 250 g de patatas pequeñas
- 1 tomate maduro
- 1 hoja de laurel
- Pimienta en grano
- 1 copa de vino blanco
- Aceite de oliva
- Sal
- Pimienta

Tiempo: 40 minutos
Raciones: 4 personas
Dificultad: Baja
Nivel calórico: 390 kcal

El truco

El plato ganará en intensidad si en lugar de agua utilizas caldo de ave. Prepáralo con los huesos del pavo, un puerro, una cebolla y un apio.

La receta
Solomillo a la naranja
con alcachofas

Corta los solomillos de cerdo en filetes delgados y dóralos ligeramente por ambos lados en una sartén antiadherente con un poco de aceite de oliva. Reserva la carne.

Pela y pica las cebolletas. Póchalas con un poco de aceite de oliva, a fuego lento y removiéndolas de vez en cuando.

Agrega la ralladura de las naranjas y una pizca de harina. Sofríe los ingredientes e incorpora un vaso de vino de Jerez dulce y otro de caldo de ave. Sazona y deja reducir la salsa 5 minutos. Reserva.

Limpia bien las alcachofas y córtalas a cuartos, retirando los pelitos que tienen en la parte central con mucho cuidado.

Dóralas hasta que estén tiernas. Incorpora el solomillo y las alcachofas a la salsa anterior. Mantén a fuego lento 2 minutos y sirve.

INGREDIENTES

- 2 solomillos de cerdo
- 2 cebolletas
- 3 naranjas
- Vino de Jerez dulce
- Caldo de ave
- 4 alcachofas
- Harina
- Aceite de oliva
- Sal

Tiempo: 40 minutos
Raciones: 4 personas
Dificultad: Baja
Nivel calórico: 398 kcal

El truco

Para evitar la oxidación de las alcachofas, puedes rociarlas antes con un poco de zumo de limón o sumergirlas en un recipiente con agua y perejil.

El toque final

Fruta, la reina de los postres

Acabar el menú con un postre que "entre por los ojos" no está reñido con que sea poco calórico y esté elaborado con ingredientes saludables. Puedes conseguirlo si conviertes la fruta en su protagonista.

A los españoles nos cuesta comer fruta. Tan solo cuatro de cada diez lo hace a diario, y de ellos la mayoría no supera las dos raciones (cuando se recomiendan tres piezas de fruta al día).

Incorporarlas como ingrediente principal en tus postres es una buena manera de aumentar el consumo de este alimento poco apetitoso para algunos, a tenor de sus cifras de consumo, a pesar de ser tan saludable.

POR QUÉ TE CONVIENE COMERLA

Se ha demostrado que comer fruta de forma habitual reduce el riesgo de sufrir trastornos cardiovasculares, nos ayuda a eliminar toxinas y a mantenernos hidratados, regula nuestro tránsito intestinal, aumenta la eficacia de nuestras defensas y contribuye a luchar contra el envejecimiento prematuro. Tanto es así que un estudio publicado hace unos años en la revista *Plos One* sostenía, incluso, que la fruta mejora el tono de nuestra piel y nos hace más atractivos. Tomarla en tus desayunos, o elegirla como tentempié a media mañana o en la merienda es una buena manera de aumentar su consumo, ya sea en piezas enteras o en forma de zumos y batidos. Otras opciones que debes tener en cuenta, y de las que te damos algunos ejemplos en las siguientes páginas, son las siguientes:

● **Mézclalas en una brocheta.** Es un postre muy sencillo de elaborar que da estupendos resultados y que suele encantar a los más pequeños de la casa. Podéis tomar las brochetas solas o regadas con un poco de yogur o de chocolate negro fundido.

● **Cocínalas al horno.** Manzanas, peras, melocotones… las frutas con más cuerpo quedan muy bien al horno, acompañadas con un poco de canela. También puedes elaborar compotas y utilizarlas a modo de salsas en los platos principales.

● **Prepara refrescantes sorbetes.** Mezcla el zumo de tus frutas preferidas con yogur desnatado, hielo picado, menta o zumo de limón.

sabías que...

Tomar una pieza más de fruta al día reduce hasta un 4% el riesgo de sufrir un ataque al corazón de fatales consecuencias. Esta cifra puede alcanzar el 15% en el caso de las mujeres. Lo publica el "European Heart Journal".

La receta

Tartaletas de melocotón,
frambuesas y almendras

Lava y seca las frambuesas con papel de cocina absorbente. Pela los melocotones, pártelos por la mitad y retira los huesos. Reserva medio melocotón y trocea el resto.

Reserva algunas frambuesas enteras para la decoración y pasa por la batidora las demás, junto con el melocotón troceado y el azúcar.

Extiende las almendras en un plato de postre. Pincela el borde de las tartaletas con la miel y pásalo sobre las almendras, presionando ligeramente para que el fruto seco quede adherido.

Rellena las tartaletas con la crema de frutas. Pela y corta en láminas finas el melocotón restante.

Decóralo con el melocotón en láminas y las frambuesas que has reservado. Sirve las tartaletas en seguida.

INGREDIENTES

- 4 tartaletas de pasta brisa
- 2 melocotones
- 50 g de frambuesas
- 1/2 cucharada de azúcar
- 30 g de almendras picadas
- 1 cucharada de miel

Tiempo: 15 minutos
Raciones: 4 personas
Dificultad: Baja
Nivel calórico: 390 kcal

El truco

Cuando no sea temporada de melocotones también puedes hacer este postre utilizando la fruta en almíbar. Si es así, añade menos azúcar.

La receta

Flan de sandía
con manzana

Trocea la sandía y retira todas las pepitas. Si lo prefieres, para ahorrarte este paso puedes comprar una variedad sin pepitas. Tritura la pulpa con el zumo de manzana y el azúcar.

Pasa el puré de sandía a una cazuela y caliéntalo ligeramente. Mientras tanto, lava y seca las hojas de menta.

Añade la gelatina al puré y remueve hasta disolverla por completo. Cuela y deja enfriar. Cuando alcance la temperatura deseada incorpora la mousse de yogur natural

Reparte en 6 flaneras individuales la mezcla obtenida y déjala cuajar en la nevera aproximadamente 6 horas.

Pela la manzana, pártela por la mitad y quítale el corazón. Pela también la sandía y elimina las pepitas. Con ayuda de un vaciador, saca bolitas de la pulpa de ambas frutas.

Desmolda los flanes con cuidado, dispón las bolitas de fruta alrededor, decora con la menta y sirve el postre.

INGREDIENTES

- 250 g de pulpa de sandía
- 50 ml de zumo de manzana
- 1 mousse de yogur natural
- 1 sobre de gelatina neutra
- 3 cucharadas de azúcar

Para decorar:
- 1 manzana Granny Smith
- 1/2 sandía
- Unas hojas de menta

Tiempo: 20 minutos
Raciones: 6 personas
Dificultad: Baja
Nivel calórico: 90 kcal

El truco

Tritura un par de rodajas de sandía y riega el postre con el puré obtenido, previamente enfriado en la nevera. Le dará un toque de color muy apetecible.

La receta

Sorbete dulce
de melón y moras

Parte el melón por la mitad, córtalo en rodajas y pélalo bien. A continuación retira todas las pepitas y trocea la fruta en dados pequeños o medianos, teniendo en cuenta que después los triturarás.

Mezcla la fruta en dados con 2 hojas de menta fresca, la vainilla en polvo y el azúcar en la jarra de la batidora. Tritura todos los ingredientes hasta obtener una salsa bien homogénea.

Bate también los yogures, pero hazlo por separado (en una batidora o removiendo enérgicamente con una cuchara sopera). Ve mezclándolos con la crema de melón poco a poco.

Reparte el sorbete en vasos. Déjalos un rato en el congelador antes de servir para obtener la temperatura deseada. Decora con unas moras y un poco de menta fresca.

INGREDIENTES

- 1 melón maduro
- 4 yogures desnatados
- 2 hojas de menta fresca
- 40 g de moras
- 20 g de azúcar
- Vainilla en polvo

Tiempo: 25 minutos
Raciones: 4 personas
Dificultad: Baja
Nivel calórico: 180 kcal

El truco

Escoge los melones muy maduros para lograr una crema de sabor más dulce y suave. Puedes servirla con un poco de hielo picado dentro.

La receta

Peras al vapor
con aroma de yogur

Pela las peras sin quitarles el rabillo. Macéralas en un bol durante 10 minutos con el azúcar, el licor y el anís. Remueve de vez en cuando para que tomen más sabor.

Corta 4 trozos de papel de cocina antigraso. Envuelve una pera en cada porción de papel y ciérralos.

Mete los papillotes en el microondas 5 minutos a potencia media. Pasado este tiempo retira el papel de las peras.

Sirve la fruta caliente en un bol, acompañada por unas bolas de helado de yogur (u de otro sabor si quieres modificar la receta).

Añade una hojitas de menta y un poco de coco rallado si quieres. De esta forma sumarás a este postre ya apetitoso de por sí un sorprendente contraste de texturas y colores.

INGREDIENTES

- 4 peras conferencia
- 10 g de anís en grano
- 60 g de azúcar
- 1/2 vaso de licor de naranja
- 300 g de helado de yogur

Tiempo: 30 minutos
Raciones: 4 personas
Dificultad: Baja
Nivel calórico: 333 kcal

El truco

Si no tienes peras a mano o no es un ingrediente que guste a toda la familia, puedes elaborar este plato con otras frutas como manzana, plátanos o fresas.

La receta
Crema de plátano
y fresones con queso

Lava los fresones, sécalos y retira las hojas. Reserva alguno para decorar y pasa el resto por la batidora.

Pela el plátano y tritúralo aparte, junto a 4 cucharadas de azúcar y el zumo de 1 limón. A continuación monta las claras de huevo con la sal, con la ayuda de unas varillas eléctricas.

Incorpora el azúcar avainillado al queso mascarpone y ve agregando las claras montadas poco a poco.

Mezcla la mitad de la crema de queso con la mitad del puré de fresones, y la otra mitad restante con el de plátano.

Reparte el resto del puré de fresones en unos vasos altos o copas y añade las dos cremas que acabas de preparar formando capas.

Decora con los fresones reservados cortados en láminas y deja el postre en la nevera hasta la hora de servir.

INGREDIENTES

- 250 g de fresones
- 1 plátano
- 1 limón
- 150 g de queso mascarpone
- 1 pizca de sal
- 2 claras de huevo
- 4 cucharadas de azúcar
- 1 cucharadita de azúcar avainillado

Tiempo: 20 minutos
Raciones: 4 personas
Dificultad: Baja
Nivel calórico: 210 kcal

El truco

Puedes preparar esta crema intercalando bizcochitos ligeramente bañados en café, formando una especie de tiramisú muy refrescante.

La receta

Compota natural
de ciruelas rojas

Lava y pela las ciruelas. Corta 9 piezas por la mitad con un cuchillo de sierra fina bien afilado y, a continuación, retira el hueso central de la fruta con cuidado. Reserva la ciruela que ha sobrado para la presentación final del plato.

Exprime la naranja y el limón y mezcla los zumos de ambas frutas en un cazo con el azúcar y la canela en rama. Introduce las ciruelas y sazona con una pizca de sal.

Cuece a fuego medio hasta que la carne de las ciruelas se deshaga completamente (se necesitan unos 12 minutos aproximadamente).

Deja enfriar la compota, retira la rama de canela y pásala por el pasapurés para que quede una textura más fina.

Sirve el postre en vasos bajos con la rama de canela ligeramente troceada y añade un trozo de la ciruela que has reservado.

INGREDIENTES

- 10 ciruelas
- 100 g de azúcar
- 1 rama de canela
- 1 naranja
- 1 limón
- Sal

Tiempo: 30 minutos
Raciones: 4 personas
Dificultad: Baja
Nivel calórico: 174 kcal

El truco

Siguiendo esta misma técnica de cocinado, puedes combinar diferentes tipos de frutas a la vez y obtener así compotas muy sabrosas.

La receta
Manzana ácida
al té verde con canela

Prepara una infusión con los 2 sobres de té verde, las ramitas de menta y la canela en rama. Endulza con el azúcar moreno y deja reposar aproximadamente 5 minutos.

Pela las manzanas y, con ayuda de una cucharilla vaciadora, extrae con mucho cuidado bolitas de la fruta. Rocíalas con zumo de limón para evitar que se oxiden y ennegrezcan.

Sumerge las bolitas de manzana en la infusión templada de té, menta y canela. Deja macerar 10 minutos aproximadamente y, pasado este tiempo, repártelas en 4 platos hondos.

Espolvorea un poco de canela en polvo por encima y acompaña las bolas de manzana con una ramita de menta fresca.

INGREDIENTES

- 4 manzanas
- 2 sobres de té verde
- Canela en rama y en polvo
- 50 g de azúcar moreno
- 1 limón
- 4 ramitas de menta

Tiempo: 25 minutos
Raciones: 4 personas
Dificultad: Baja
Nivel calórico: 95 kcal

El truco

A la hora de preparar este plato, es importante que selecciones las manzanas de carne firme y tersa. Así evitarás que las bolitas se rompan o se deshagan.

La receta
Milhojas de fruta
con salsa de yogur

Pela la piña con cuidado, retirando todos los ojos y también el tronco central duro. Pela a continuación el kiwi y la papaya, y quita las semillas de esta última fruta.

Corta las tres frutas en láminas muy finas con un cuchillo bien afilado o con la ayuda de una mandolina.

Coloca las láminas de fruta en 4 platos de postre, alternando los colores: primero la piña, luego la papaya y, por último, el kiwi. Debes obtener unos milhojas de aproximadamente 5 centímetros de altura. Tápalos y resérvalos en la nevera.

Lava la naranja y la lima, y ralla fina la piel de ambas. Añade la mitad de la ralladura de lima al yogur, con la miel, y remueve bien.

Riega los milhojas con la salsa obtenida, decora con las ralladuras restantes y sirve el postre en seguida.

INGREDIENTES

- 350 g de piña
- 300 g de kiwi
- 300 g de papaya
- 1 lima
- 200 g de yogur desnatado
- 2 cucharaditas de miel
- 1 naranja

Tiempo: 20 minutos
Raciones: 4 personas
Dificultad: Baja
Nivel calórico: 85 kcal

El truco

Si lo prefieres suprime la miel y endulza el yogur con 1 cucharadita de mermelada del sabor que prefieras. La de naranja combina muy bien con estas frutas.

La receta
Helado cremoso
de higos

Pela los higos y tritúralos. A continuación, bate las yemas de huevo con 2 cucharadas de azúcar.

Calienta la leche con la vaina de vainilla abierta y 2 cucharadas de azúcar sin que llegue a hervir.

Cuela la leche sobre un cazo puesto al baño María, agrega las yemas batidas y cuece 10 minutos sin dejar de remover. Deja enfriar.

Monta la nata con 2 cucharadas de azúcar usando las varillas eléctricas. Mezcla con la crema que acabas de preparar y la pulpa de higos hasta que esté todo muy bien amalgamado.

Introduce en el congelador durante 6 horas removiendo enérgicamente cada media hora para que adquiera una textura cremosa y no forme cristales de hielo.

Dispón 2 o 3 bolas en cada una de las copas y sirve. Si lo deseas, decora con una ramita de plantas aromáticas.

INGREDIENTES

- 800 g de higos
- 250 ml de nata para montar
- 200 ml de leche
- 6 cucharadas de azúcar
- 2 huevos (las yemas)
- 1 vaina de vainilla

Tiempo: 20 minutos
Raciones: 4 personas
Dificultad: Media
Nivel calórico: 425 kcal

El truco

Puedes preparar una apetitosa salsa para decorar el helado fundiendo 100 gramos de chocolate negro con 50 ml de nata líquida. Quedará buenísimo.